HERMOSAS CONEXIONES ENTRE EL HUERTO
DEL EDÉN Y EL SANTUARIO ISRAELITA

CONEXIONES TEOLÓGICAS DEL
SANTUARIO

JORGE E. RICO, D.MIN., PH.D.

BIBLICAL FOUNDATIONS
BURLESON, TX 76028

Editado e impreso en Estados Unidos.

ISBN 978-1-4276-5134-1

Catálogo de Biblical Foundations
Rico, Jorge E.
    Conexiones Teológicas del Santuario

    1. Los autores Bíblicos y el santuario.
    2. El origen del santuario. 3. El santuario edénico.
    4. El santuario y los patriarcas. 5. Los sacrificios.
    6. El santuario israelita. 7. Las solemnidades.
    8. El santuario y las doctrinas Bíblicas.
    I. Título.
230

BIBLICAL FOUNDATIONS
Burleson, TX 76028
www.biblical-foundations.com

— DEDICACIÓN —

Esta obra está dedicada a todos mis familiares, feligreses, colegas, y estudiantes cuyas inquietudes sobre la doctrina del santuario me animaron a examinar las Escrituras y enriquecer mi comprensión sobre este tema.

De manera especial, dedico esta publicación a mi esposa e hijos por su abnegado apoyo y comprensión que permitió el empleo del tiempo para la investigación y composición de este libro.

Estoy completamente en deuda con todos ustedes.

— ÍNDICE —

— PREFACIO —

El santuario es una doctrina cardinal y muy significativa en la iglesia Adventista del Séptimo Día. Se encuentra en el corazón de la teología Adventista y provee el fundamento para la misión de la iglesia en todo el mundo. En el presente, el santuario continua siendo la contribución Adventista más distintiva para el pensamiento y la teología cristiana. Ciertamente, si no hubiera un santuario real en el cielo; si no estuviera el gran Sumo Sacerdote ministrando allí; si no existiera el mensaje de la *hora del juicio* para ser proclamado al mundo entero en este tiempo; la iglesia Adventista tampoco podría ocupar un lugar justificable en el mundo religioso; no tendría una misión y un mensaje distintivo; ni poseería una razón válida para funcionar como una entidad eclesiástica independiente. Dicho en forma sucinta, el santuario valida y autentica el llamado de la iglesia Adventista en estos últimos días de la historia de este mundo.

En una forma u otra, estas ideas han sido expresadas por pastores, teólogos, y dirigentes de la iglesia Adventista en diferentes lugares y distintas épocas. Diversas obras literarias han sido escritas con el fin de explicar la importancia del santuario para este tiempo; el significado de la estructura y sus muebles, colores, y metales; y el ministerio sacerdotal de Cristo en el cielo. ¿Por qué un libro más? *Conexiones Teológicas del Santuario* surge como una respuesta a los interrogantes que manaron de algunas declaraciones hechas por Elena White en su libro *El Conflicto de los Siglos* acerca del santuario y el rol que éste desempeña en la historia y teología de la iglesia Adventista del Séptimo Día.[1]

---

1   Elena G. de White fue co-fundadora de la iglesia Adventista del Séptimo Día y una prolífera autora. Su ministerio y legado literario han sido de gran valor y bendición para la iglesia en todo el mundo. Durante su ministerio, ella recibió manifestaciones de la dirección divina tales como sueños y visiones. Por esta razón, la iglesia Adventista la considera como una profetisa del Señor.

Según ella, la iglesia Adventista del Séptimo Día no es una denominación más sobre la tierra, sino que es un movimiento profético que Dios levantó en un momento clave de la historia para proclamar al mundo el mensaje final de salvación. Este mensaje está intrínsecamente conectado con el tema del santuario. A continuación cito algunas de estas afirmaciones que se encuentran entre las que más cavilación fomentaron en mi mente.

El asunto del santuario fué la *clave* que aclaró el misterio del desengaño de 1844. *Reveló todo un sistema de verdades, que formaban un conjunto armonioso* y demostraban que *la mano de Dios había dirigido el gran movimiento Adventista,* y al poner de manifiesto la situación y la obra de su pueblo *le indicaba cuál era su deber* de allí en adelante.[2]

El pueblo de Dios debería comprender claramente el asunto del santuario y del juicio investigador. Todos necesitan conocer por sí mismos el ministerio y la obra de su gran Sumo Sacerdote. De otro modo, les será imposible ejercitar la fe tan esencial en nuestros tiempos, o desempeñar el puesto al que Dios los llama.[3]

El santuario en el cielo es el centro mismo de la obra de Cristo en favor de los hombres. Concierne a toda alma que vive en la tierra. Nos revela el plan de la redención, nos conduce hasta el fin mismo del tiempo y anuncia el triunfo final de la lucha entre la justicia y el pecado.[4]

La lectura de estas y otras citas despertó en mi mente el deseo de entender mejor el rol que juega el santuario en la teología Bíblica para

---

2   Elena G. de White, El Conflicto de los Siglos (Mountain View, CA: Pacific Press Publishing Association, 1977), 476. El énfasis hecho con letras cursivas es mio.

3   Ibid., 542.

4   Ibid., 543. En la misma fuente, White amplia estos conceptos sobre el santuario en las páginas 506-507.

luego poder comprender su papel en la historia de la iglesia Adventista. Con este fin, comencé a leer y analizar el texto Bíblico de una manera diferente a como lo había hecho antes. Prestaba atención a palabras y frases claves que podían arrojar luz sobre este tema. Analicé estas expresiones en sus respectivos idiomas originales: Hebreo y Griego. Consulté léxicos, diccionarios, y gramáticas para comprender su uso y significado en el marco Bíblico. Poco a poco, un nuevo mundo teológico empezó a abrirse delante de mí. Nuevas ideas brotaban que sostenían el fundamento inicial de la doctrina del santuario a la vez que ampliaban el significado de su mensaje. Aunque esta investigación es todavía una obra inconclusa, mi mayor deseo es que el resultado parcial que Ud. tiene en sus manos contribuya a generar más estudio y diálogo sobre este asunto tan esencial para el pensamiento cristiano.

En esta obra, el lector tendrá la oportunidad de profundizar un poco más en la comprensión de la doctrina del santuario y su relevancia para la iglesia moderna que se prepara para recibir a su Señor en las nubes de los cielos. No sólo ratifica la trascendencia del santuario para la teología Bíblica, sino que también describe como este tema une los diferentes conceptos Bíblicos en un sistema doctrinal armonioso. A la misma vez, al conocer este sistema doctrinal, el creyente tendrá motivación para realizar su deber presente: comunicar a todos las grandes verdades del plan de redención. Que la lectura de este material pueda ser de bendición y crecimiento cognoscitivo y espiritual es la oración y anhelo del autor.

— INTRODUCCIÓN —

E l estudio de la doctrina del santuario es un intento por entender lo que Cristo está realizando en el cielo en favor del ser humano. En el principio, el pecado rompió la armonía que disfrutaba la nueva creación de Dios (Génesis 3:1-6) y causó una separación entre Dios y el hombre (Isaías 59:2). El pecado también distanció la tierra y todo lo que en ella había de Dios. En su desobediencia, el ser humano manifestó su disposición de unir fuerzas con el enemigo de Dios en la gran controversia entre el bien y el mal. La respuesta divina a esta rebelión cósmica consistió en enviar a Su Hijo amado a morir y reconciliar al ser humano con Su Creador. Por esta razón, Cristo, Su naturaleza, y Su ministerio es el tema más básico y fundamental de la doctrina del santuario.

Desde la caída del hombre, Dios ilustró la manera como Él iba a reconciliar al pecador por medio del sistema de sacrificios de animales. En cada sacrificio, el animal cargaba con el pecado de aquel que lo ofrecía. De esta manera, mientras que la víctima experimentaba la separación de Dios por la muerte, el pecador era acercado a Dios por medio del perdón y la gracia divina. Este sistema de sacrificios tomó una forma más estructurada cuando Dios ordenó a Moisés construir un santuario que reflejase el modelo del celestial (Éxodo 25:8-9). Lejos del Edén, a través del santuario, Dios proveyó una forma para que el pecador pudiera mantener y disfrutar su cercanía con Dios (cf. Éxodo 34:5-7).

El proceso de sacrificios que se realizaba en el Antiguo Testamento alcanzó su cumplimiento total en la bendita cruz del Calvario. El poder restaurador de la cruz hizo posible que el ser humano tuviera acceso directo a la presencia de Dios en el reino de los cielos. Luego Cristo ascendió al cielo y se sentó a la mano derecha del Padre (Marcos 16:19; Hebreos 8:1-2). Esto es lo más cercano que alguien puede estar de Dios. Sin embargo, la cercanía de Jesús al Padre abre las puertas para que el pecador arrepentido también pueda sentarse cerca al Padre (Apocalipsis 3:21; Hebreos 4:16). Sólo Jesús puede acercar al hombre a Dios por ser el Hijo de Dios (Hebreos 5:5-6). El ministerio sacerdotal de Cristo en el santuario celestial será determinante para poner fin a la gran controversia entre el bien y el mal y transformar la esperanza cristiana en una gloriosa realidad.

Desafortunadamente, muchos cristianos han considerado que el sistema de sacrificios y los servicios del santuario en el Antiguo Testamento son sólo un dato histórico que debe ser estudiado para entender el trasfondo religioso de Israel. Otros perciben el santuario hebreo y sus diferentes servicios como un asunto útil para ilustrar el evangelio. No obstante, la importancia del sistema sacrificial y del santuario israelita no se deriva de una simple investigación histórica o una ilustración del evangelio. El santuario y sus servicios son la raison d'être de la iglesia cristiana. Un estudio sistemático de la doctrina del santuario aclara y explica el ministerio sacerdotal de Cristo en el cielo en preparación para Su segunda venida.

— CAPÍTULO I —

EL SANTUARIO: FUNDAMENTO DE LA BIBLIA

L a teología del santuario tiene sus comienzos en la creación, se mantiene después de la caída, se extiende a través de la Biblia, y concluye en el libro de Apocalipsis. Es un concepto teológico amplio y sólido que abarca toda la Escritura y encuentra su máxima expresión en la cruz y la segunda venida de Cristo. Los siguientes extractos seleccionados de varios libros de la Palabra de Dios ilustran la manera como el santuario cubre e influye en la teología de los autores Bíblicos.

El Santuario en el Pentateuco

Éxodo

El libro del Éxodo está estructurado en dos secciones principales. Estas dos mitades son separadas por el capítulo 25, el cual sirve de transición entre ambas partes.

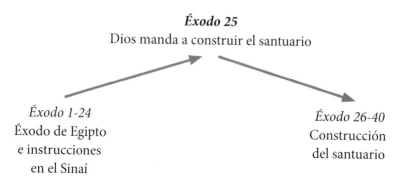

Éxodo 25
Dios manda a construir el santuario

Éxodo 1-24
Éxodo de Egipto
e instrucciones
en el Sinaí

Éxodo 26-40
Construcción
del santuario

El relato del libro de Éxodo comienza con la descripción del desarrollo de las familias de los hijos de Jacob hasta convertirse en una nación numerosa (Éxodo 1:1-7). Dios había cumplido Su promesa de hacer de Abraham una nación grande (Génesis 12:2). Ahora Israel debía servir al Dios de Abraham y ser bendición a otros pueblos. Con el fin de impedir que Israel sirviera a Dios libremente, el diablo influyó en el faraón de Egipto para que esclavizara y oprimiera al pueblo (Éxodo 1:8-14). Dios escuchó el clamor de los hijos de Israel y les envió un libertador (Éxodo 2:23-25; 3).

Después de su salida de Egipto, debido a que el pueblo no tenía un santuario donde adorar a Dios, el monte Sinaí se convierte en el primer tabernáculo de Israel. En este lugar, se efectúa el encuentro entre el pueblo que sube de Egipto y Dios que desciende del cielo (Éxodo 19). A pesar de ser el lugar de reunión entre Dios y el pueblo, antes de ordenar que se construya el santuario, el Señor divide el monte en tres secciones para que el pueblo aprenda a hacer la diferencia entre los lugares santos y los comunes. La primera parte es la falda del monte donde el pueblo de Israel acampó (Éxodo 19:1-2, 12, 17). Allí, Moisés construyó un altar para ofrecer holocaustos y sacrificios al Señor (Éxodo 24:4). Las faldas del monte servían de atrio para el tabernáculo del Sinaí. A la misma vez, este sector ilustraba el rol que desempeñaría el atrio del santuario terrenal donde el pueblo de Israel vendría para adorar a Dios.

La segunda sección es la parte central del monte. Este sitio estaba reservado para un grupo pequeño al cual Dios le permitió subir para adorarlo: Aarón, Nadab, Abiú, y setenta ancianos (Éxodo 24:1-2, 9-11, 14). Ninguna otra persona del pueblo podía cruzar el cerco divisorio entre las faldas y el centro del monte. Esta separación que Dios hace entre las faldas y el centro del monte torna este sector en un lugar santo. El nuevo santuario también tendría un lugar santo donde sólo los sacerdotes escogidos por Dios podían entrar para ministrar al pueblo. La tercera fracción es la cima del monte a donde sólo Moisés podía ascender (Éxodo 24:2, 12-15). Dios había reservado esta ubicación para revelar Su gloria a Moisés (Éxodo 24:16-18). La presencia de Dios en la cresta del Sinaí transforma este sitio en un lugar santísimo. De igual manera, el santuario terrenal tendría un lugar santísimo donde únicamente el sumo sacerdote podía acceder a la presencia de Dios. La estructuración del monte Sinaí en tres partes se encuentra ilustrada en la siguiente gráfica.

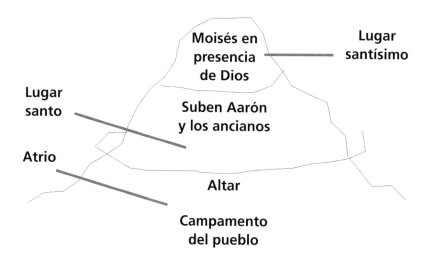

Además de dividir el monte en tres partes, Dios también llamó *sacerdotes* a los ancianos de Israel (Éxodo 19:7, 22, 24) y empleó una *trompeta* para llamar al pueblo a que se presentara delante de Él (Éxodo 19:13, 16-17, 19). Este arreglo le dio forma al tabernáculo del Sinaí. Después de hacer esto, Él le ordena a Moisés construir un santuario. La estructura del santuario debía ser levantada de acuerdo al modelo del celestial (Éxodo 25:8-9). El santuario terrenal sería una extensión del jardín del Edén. La comunión que el Señor inició con Adam en el jardín continuaría con Israel en el santuario terrenal.

Éxodo 32:7

Mientras Moisés está en la cumbre del monte, Dios le dice que descienda porque el pueblo ha violado el pacto y se ha pervertido. Los israelitas estaban usando el atrio del tabernáculo sinaítico para adorar dioses paganos y regocijarse (Éxodo 32:4-6, 8). En su comunicado a

Moisés, Dios hace una distinción muy significativa para referirse a la nación. Él no llama a Israel *mi pueblo*, sino que le dice a Moisés que ese es *tu pueblo*. De esta manera, el Señor indica que Él ya no lo reconoce como tal porque Él es santo y el pueblo ya no lo es. Pareciera que el éxito que Satanás no obtuvo tratando de mantener a Israel cautivo en Egipto, lo está logrando al introducir prácticas corruptas.

Éxodo 32:11-13

Al escuchar el anuncio, Moisés intercede por Israel ante Dios, empleando dos argumentos:

- Dios va a ser desacreditado delante de los egipcios.

- Dios debe acordarse de la promesa hecha a Abraham, Isaac, y Jacob.

Dios aceptó la mediación de Moisés y decidió perdonar a Israel. En el lugar santísimo del Sinaí, Dios perdonó y reconcilió a Israel. Cristo hace esta misma labor en el santuario celestial (Hebreos 9:11, 24).

La narración del libro termina de manera magistral presentando el santuario que Moisés construyó ya terminado (Éxodo 39:42-43) y la gloria de Dios llenando el recinto (Éxodo 40:34-35). Esta conclusión es crucial para el plan de Dios y la controversia con Satanás. Dios está morando en medio de Su pueblo (cf. Éxodo 25:8). En el santuario, Israel tiene acceso directo a Dios porque ha aceptado la sangre del cordero pascual y ha sido redimido.

Levítico

Al igual que el libro de Éxodo, Levítico también se encuentra dividido en dos partes centrales. Las dos porciones del libro están separadas por el capítulo 16 que también sirve de transición entre ambas secciones.

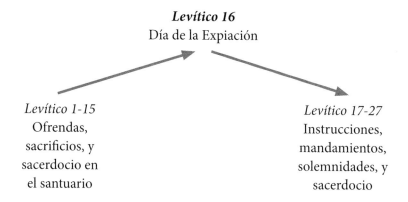

Levítico 16
Día de la Expiación

Levítico 1-15
Ofrendas,
sacrificios, y
sacerdocio en
el santuario

Levítico 17-27
Instrucciones,
mandamientos,
solemnidades, y
sacerdocio

La primera división hace énfasis en derramamiento de *sangre* (Levítico 3:2, 13; 4:5-6, 14:14, 25), *purificación* (Levítico 11:44-47; 13:46, 59; 14:2, 4, 54-57; 15:31-32), y *expiación* (Levítico 1:4; 4:14-15; 6:25; 7:1, 7; 7:37) para que el israelita aprenda a confiar en los medios provistos por Dios para su justificación y salvación. El concepto de reconciliación es clave en la primera mitad del libro. La segunda división se enfoca en el concepto de seguir las instrucciones prescritas por Dios (Levítico 17:7-16; 18:4-5; 19:19; 20:8; 22:31-33; 24:23; 25:18; 26:46; 27:34) y en la necesidad ser santo (Levítico 19:2; 20:7, 26; 21:6) para que el israelita crezca en el Señor. La perspectiva de obedecer a Dios es presentada como un fruto de haber sido justificado y salvado por Dios. Un pueblo expiado y reconciliado con el Señor procurará mantenerse santo.

La idea central de Levítico 16 es la *expiación* del pueblo. El capítulo conecta ambas secciones describiendo la forma como se debía celebrar la solemnidad de la Expiación. De manera magistral, la fiesta ilustraba la forma como Dios reconciliaría al ser humano y finalmente pondría fin al conflicto cósmico y a su principal causante. Durante la conmemoración de la Expiación, la *sangre* era empleaba como fundamento de las *obras* de los israelitas y como medio para presentar a un pueblo justificado y purificado delante de Dios. Para realizar el ritual, el sumo sacerdote tomaba dos machos cabríos. Estos dos animales simbolizaban los dos poderes centrales en la lucha entre el bien y el mal: Dios y Satanás. La siguiente tabla presenta las características distintivas y representativas de los dos machos cabríos.

Macho Cabrío 1	Macho Cabrío 2
1. Era seleccionado para representar a Jehová (Levítico 16:8).	1. Era elegido para representar a Azazel: el diablo (Levítico 16:8).
2. Jehová Dios habitaba en el santuario, en medio del pueblo.	2. Azazel representaba un personaje porque a él era enviado el segundo macho cabrío (Levítico 16:10, 26). Este sujeto habitaba fuera del tabernáculo, en el desierto.
3. Era ofrecido en expiación y su sangre derramada (Levítico 16:9).	3. No era sacrificado ni su sangre derramada. Sobre él se depositaban los pecados del pueblo y los llevaba hasta que pereciera en el desierto (Levítico 16:20-22).
4. Su sangre limpiaba de pecado (Levítico 16:15-16). Cargaba con los pecados del pueblo temporalmente.	4. Contamina al que lo toca. Después de llevarlo al desierto, el israelita tenía que purificarse (Levítico 16:23-26).

El Santuario en la Literatura Histórica y Sapiencial

1 y 2 de Reyes

El templo es un componente especial en la teología de los dos libros de los Reyes. En 1 Reyes 8, Salomón destaca la importancia teológica del templo en la vida religiosa de Israel y de Judá. Después de terminada la construcción del templo, Salomón trajo el arca del pacto y la introdujo en el lugar santísimo. Una vez que los sacerdotes salieron del templo, al igual que sucedió en los días de Moisés (Éxodo 40:34-35), la gloria de Dios llenó *la casa de Jehová* (1 Reyes 8:10-13). A partir de este momento, el templo sería el lugar de encuentro entre Dios y el hombre. Sin embargo, de acuerdo a Salomón, el Creador de los cielos y la tierra no podía estar circunscrito a Su creación (1 Reyes 8:27). Los cielos y la tierra no lo pueden contener porque Él no es una criatura. Según Moisés, cuando Dios hizo el universo, Él *dijo . . . y fué así* (Génesis 1:6-7, 9, 11, 14-15, 24). Esta expresión indica que el Señor no forma parte de esta creación, sino que Él transciende la tierra. No obstante, después de crear, Dios decide entrar a Su creación para morar con el ser humano (Génesis 2).[5]

Este concepto es importante para la teología del santuario en los libros de los Reyes. Aunque Dios trasciende la tierra, Él escoge convivir con el ser humano en un templo terrenal. Este acto divino constituye al templo de Salomón en el sitio donde el Infinito mora con lo finito y la naturaleza de Dios puede ser mejor explicada. En el templo, aunque el Señor es infinito, el Todopoderoso se relaciona con el tiempo y el espacio.[6]

---

5   Génesis 2 describe a Dios como estando en el jardín del Edén. Esto indica que el Creador ha entrado a Su creación.

6   Hay dos doctrinas Bíblicas que ayudan al creyente a comprender este aspecto divino: el santuario y el Sábado. A través del santuario, Dios se relaciona con el hombre en un espacio terrenal. Por medio del Sábado, Él se relaciona con el ser humano en el tiempo. Cuando estas dos doctrinas son rechazadas, el creyente puede terminar distorsionando la naturaleza de Dios.

Además de ser la morada de Dios, el templo también sería el lugar donde el pueblo vendría a pedir perdón por sus pecados y Él oiría sus plegarias desde los cielos y las contestaría (1 Reyes 8:29-50). De esta manera, Salomón presentó a Dios como aquel que es fiel en cumplir el pacto que hizo con los padres. A la misma vez, el rey infundió confianza en la mente de los israelitas que deseaban triunfar en la batalla contra el mal.

1 y 2 de Crónicas

El tema central de los dos libros de Crónicas es el templo (1 Crónicas 15; 22-26; 28-29; 2 Crónicas 2-7). Estos libros comienzan su exposición de la historia de Israel describiendo la construcción del templo; luego discuten la importancia del templo y el papel que éste juega en la vida de Israel; finalmente, concluyen con la destrucción del templo (2 Crónicas 36) y la erradicación de Israel de la tierra prometida. La demolición del templo y el cautiverio babilonio significan que el pueblo vuelve al estado en el cual se encontraba en Egipto: sin santuario y sin libertad. El lugar de encuentro entre Dios y el hombre yace en ruinas. Por su rebelión, el pueblo ha sido separado de Dios y la balanza del conflicto entre el bien y el mal parece inclinarse hacia Satanás.

Salmos

El libro de los Salmos articula una teología completa del santuario (Salmos 4:5; 5:4-7; 11:4; 15:1-5; 23:6). En los Salmos, los diferentes autores destacan las bendiciones que el creyente puede recibir cuando viene a adorar a Dios en Sus santos atrios. Según David, el templo de Dios es el sitio dónde el adorador puede contemplar la hermosura de Jehová, inquirir, ser protegido, y ser saciado (Salmos 27:4-5; 36:8; 65:4; 84:10; 122:1). De manera particular, en los Salmos, el templo es el lugar de refugio para los hijos de Dios. También es el sitio donde ellos pueden entender mejor la trama del conflicto milenario y el destino final de los impíos. Note como lo explica Asaph.

Salmos 73:1-17

El salmista Asaph tuvo dificultades para entender a Dios y Su trato con el pecador. Al ver la prosperidad de los impíos y su desdén por los asuntos espirituales, Asaph cuestionó la justicia de Dios y la necesidad de vivir píamente en el Señor (Salmos 73:13). Esta situación lo llevó a desanimarse y a casi abandonar la fe (Salmos 73:2). Sin embargo, fue en el santuario donde él encontró respuestas a sus interrogantes, entendió la justicia de Dios, y conoció el destino de los justos e injustos (Salmos 73:17). Allí, él pudo constatar que el dominio del pecado sería perecedero y que finalmente Dios saldría victorioso en Su lucha contra Satanás.

El Santuario en los Profetas Mayores

Los escritos de los profetas detallan con nitidez la forma como los reyes de Israel y Judá, y el pueblo en general, se fueron separando de Dios. El diablo opacó sus mentes para que no entendieran el mensaje que provenía del templo y sus servicios. Para contrarrestar la obra del diablo, Dios envió profetas a Israel y Judá, pero estos no lograron revertir completamente la influencia de Satanás. Lamentablemente, las consecuencias fueron nefastas.

Isaías

En el libro de Isaías, el templo parece jugar un papel bastante determinante en la vida de Israel. De acuerdo al profeta, el templo era el lugar donde los líderes espirituales debían instruir al pueblo en cuanto al plan de salvación y la justicia divina. Pero, en lugar de cumplir con la tarea de enseñar al pueblo el camino del Señor, los líderes religiosos de Israel pervirtieron las instrucciones y principios divinos. Los siguientes pasajes describen la condición espiritual del pueblo y de sus líderes en el tiempo de Isaías.

Isaías 1:1

Isaías sirvió como profeta de Dios durante los reinados de Uzzías, Jotham, Achaz, y Ezequías, reyes de Judá. Él profetizó bastantes años antes de la destrucción de Jerusalem y del templo.

Isaías 1:2-9

En los tiempos del profeta, los líderes de Israel se habían tornado como los príncipes de Sodoma y Gomorra. Sus actos revelaban el nivel de depravación espiritual y moral en el cual ellos habían caído. Pareciera como que Satanás había tomado control de sus mentes.

Isaías 1:10-14

Estos líderes no escucharon la Palabra de Dios y no guardaron Su ley. Estos dos elementos eran enseñados en el templo. Pero la perversión y el pecado habían tergiversado el significado de los sacrificios, las fiestas ceremoniales, las ofrendas, los holocaustos, y otros servicios. Ellos pensaban que estas actividades religiosas eran un fin en sí mismas. Tristemente, habían perdido de vista la realidad de que estas celebraciones eran sólo medios para acercarlos más a Dios y para que comprendieran el plan de salvación. En lugar de allegarse al Señor, los líderes religiosos de Israel provocaron la ira de Dios. La desviación de los servicios del templo y de la palabra de Dios llevó al pueblo a la corrupción.

Isaías 1:26-27

Sin embargo, en medio de este cuadro poco halagador, Isaías comparte algunas promesas de restauración. Dios restituirá a los jueces y consejeros. La gente será instruida en la Palabra del Señor y en el correcto significado de los servicios del templo.

Isaías 2:2-3

Como resultado, la casa del Señor será confirmada (cf. Apocalipsis 14:1). Gente de todas partes del mundo vendrán al templo para ser instruidas en la ley y la Palabra de Dios (cf. Apocalipsis 21:24-27). La finalidad por la cual Dios ordenó construir el templo se cumplirá: ser el lugar de encuentro de Dios con Su pueblo.

Isaías 2:4-5

La gente se apartará de sus malos caminos y vivirá en paz. Todos querrán andar *a la luz de Jehová*. Aquellos que opten por desobedecer serán destruidos (Isaías 2:6-22; 3:8-24 cf. Apocalipsis 6:15-17).

Isaías 4:2-3

El renuevo de Dios será para belleza y gloria, y los que sean dejados en Sión serán llamados santos.

Isaías 6:1-3

Después, Isaías vio el templo como la morada de Dios en el cielo (cf. Éxodo 25:8; 1 Reyes 8:13) y como Su gloria llenó el célico recinto. Luego observó como los serafines y ángeles no cesaban de alabar al Señor diciendo: *Santo, santo, santo, Señor de los ejércitos*. Mientras que los seres celestiales expresaban sus hermosas alabanzas, la tierra también se llenó de la gloria divina. La Palabra de Dios y Su ley habían sido proclamadas en el mundo y la gente tuvo la oportunidad de volverse al Señor. De esta manera, el ministerio de Dios en el templo celeste indicó que la salvación todavía estaba al alcance de todo ser humano (1 Reyes 8:10-11; 2 Crónicas 7:1-2; Levítico 9:23-24).

Isaías 6:4-5

Cuando concluyeron las alabanzas en el templo celestial, la gloria de Dios dejó de llenar el tabernáculo y la tierra. Aparentemente, el ministerio sacerdotal del Señor en el santuario celestial en favor de un pueblo impenitente había llegado a su fin. Lo próximo que el profeta ve es como el templo se llena de humo y como este humo impide que se realicen actividades en él.[7] La reacción del profeta parece indicar el sentido de este evento. No es un suceso que brinda alabanza y esperanza, sino uno que presenta el destino de un pueblo que ha alterado la ley y la Palabra de Dios y los servicios del tabernáculo. Este destino era el

---

7   Es la primera ocasión que se menciona este fenómeno en la Escritura.

rechazo y la muerte. De acuerdo al profeta Isaías, la actividad de Dios en el templo celestial determinó la suerte de Israel en la tierra bien sea para vida o para muerte.

Isaías 6:8-12

En el caso de los dirigentes y el pueblo de Judá y Jerusalem, el mensaje de Dios fue para ruina y destrucción. Ellos fueron juzgados y hallados faltos. Por lo tanto, la decisión tomada en el templo celestial fue que la puerta de la gracia se les había cerrado.

Isaías 66:1-2, 22-23

Isaías concluye su libro con promesas de restauración. Dios hará nuevos cielos y nueva tierra (Isaías 65:17). En esta nueva creación, la ley y la Palabra de Dios, y los servicios del templo no serán afectados. Al igual que en el Antiguo Testamento, en la tierra nueva, los redimidos vendrán a adorar a Dios de *mes en mes y de Sábado en Sábado*. El templo seguirá ocupando un lugar cardinal para Dios y los redimidos. La gente vendrá a adorar a Dios en él. Al igual que en Edén y el santuario terrenal, en la tierra nueva, el templo tendrá como característica principal el encuentro de Dios con Su pueblo. El conflicto de los siglos habrá finalizado y Satanás habrá sido derrotado.

Jeremías

Al igual que en Isaías, el mensaje del profeta Jeremías estipula que la relación del pueblo con el templo determina el destino de Israel como nación.

Jeremías 1:1-3

Jeremías fue hijo de un sacerdote que vivió en Benjamín. En calidad de sacerdote, Jeremías ministró en Judá y Jerusalem antes y durante la destrucción de Jerusalem, hasta *el mes quinto*.

Jeremías 1:16

De acuerdo al profeta, el juicio de Dios está sobre aquellos que pervierten la ley y la Palabra del Señor. Tanto los líderes como el pueblo adoraban dioses falsos, apartándose de Dios. Ellos ofrecían incienso y se inclinaban ante imágenes hechas por sus manos. Como resultado, el culto del santuario fue distorsionado (Jeremías 9:13-14).

Jeremías 2:7

Dios había introducido a los hijos de Israel en buena tierra, pero los sacerdotes y falsos profetas desviaron al pueblo de su Dios y del pacto que Él había concertado con los padres (Jeremías 5:31; 6:13-14; 23:1-2, 11-16, 30-32). Aquellos que conocían la ley de Dios y sirvieron al Señor en el templo de forma incorrecta instruyeron a la gente erróneamente y los desviaron de la verdad.

Después de haber librado a Israel de Egipto, de haberlo protegido durante su peregrinaje en el desierto, y de haberlo introducido a la tierra prometida, ellos abandonaron a Dios. Ahora, el Todopoderoso pregunta: *¿Qué maldad hallaron en mí vuestros padres, que se alejaron de mí . . .?* (Jeremías 2:5-7). Mientras que los padres no pudieron encontrar maldad alguna en el Señor, Dios si encontró faltas en ellos.

- Los errores de Israel (Jeremías 2:13).
- Jerusalem se ha convertido en una ramera (Jeremías 2:20, 23; 3:1-9).

Jeremías 4:5-9

La reticencia de Israel para escuchar a Dios y volver a Él se va a tornar en destrucción (Jeremías 4:22). Las ciudades serán devastadas y los líderes del pueblo serán consternados. Finalmente, toda la tierra será desolada (Jeremías 4:23-31).

Jeremías 6:19-20

La asolación de la tierra está en armonía con los pensamientos y accionar del pueblo. Tanto reyes como príncipes y sacerdotes habían rechazado la ley y habían pervertido los servicios del templo. Por esta razón, Dios rechaza sus holocaustos y sacrificios.

Jeremías 7:1-3

Dios mandó al profeta para que anunciara los mensajes de advertencia y apelación desde el templo. Éste no era sólo el lugar donde la ley era enseñada y se realizaban los servicios religiosos, sino que también era la morada de Dios. Al corromper la ley y la Palabra de Dios y los servicios en el templo, los dirigentes de Israel contaminaron la morada de Dios. Como resultado, el templo dejó de ser el lugar de encuentro entre Dios y Su pueblo y la reunión entre los dos ya no fue posible.

Jeremías 7:4

El peor engaño que enseñaron los líderes religiosos fue instruir al pueblo a confiar en el templo. La gente creía que la presencia del edificio era todo lo que ellos necesitaban como fuente de bendición y protección. Ellos se habían olvidado del Señor del templo. Mientras quebrantaban la ley y distorsionaban los servicios que se realizaban en el templo, el pueblo confió en el edificio para su seguridad como si fuera un amuleto de la buena suerte.

Jeremías 7:11

En los tiempos de Jeremías, al igual que en los días de Jesús, los hijos de Israel habían convertido la casa de Dios en una cueva de ladrones. Ellos llevaban a cabo las mismas acciones que más tarde los Fariseos, Saduceos, y sacerdotes harían mientras confiaban en el templo para su protección.

Jeremías 7:14-15

En consecuencia, Dios decidió permitir que los babilonios invadieran a Jerusalem, destruyeran el templo y llevaran al pueblo en cautiverio lejos de Su presencia. Jeremías termina su libro narrando detalles de la destrucción del templo (Jeremías 52:12-13, 17-24). Satanás causó que la gente y el rey fueran separados de Dios. Debido a la tergiversación de la ley y la Palabra de Dios y la perversión del templo, los hijos de Israel no podían venir a reunirse con el Señor en Su templo.

Ezequiel

El profeta comienza su libro relatando la venida de Dios al templo de Jerusalem para hacer juicio contra sus habitantes. Luego vuelve a presentar al Señor alejándose del templo por los pecados del pueblo. Ezequiel termina el libro describiendo el nuevo templo en la tierra nueva y a Dios volviendo al templo.

Ezequiel fue un sacerdote en el templo del Señor (Ezequiel 1:1-3). Escribió su libro y profetizó en Babilonia. En el capítulo 1, él describe la venida de Dios a Jerusalem. El Señor viene a juzgar a los líderes y al pueblo. La razón por el juicio es porque Israel ha despreciado la ley y ha pervertido los juicios y las instrucciones de Dios (Ezequiel 5:5-7), y los líderes contaminaron el santuario de Dios (Ezequiel 5:11).

En el capítulo 8, el Señor llevó a Ezequiel a través de las diferentes cámaras del templo y le mostró todas las abominaciones que los sacerdotes y príncipes estaban haciendo en el santuario. Estas acciones estaban obligando a Dios a abandonar el recinto sagrado (Ezequiel 8:6). El templo era Su morada y el lugar de encuentro con Su pueblo. En cambio, los líderes religiosos habían convertido el templo en habitación de dioses falsos y punto de encuentro del pueblo con estos dioses.

Ezequiel 8:16

La mayor abominación que Dios le reveló al profeta fue ver a la gente dándole la espalda a Dios e inclinándose al sol. Mediante sus acciones, los dirigentes estaban indicando que preferían el encuentro con los falsos dioses en lugar del encuentro con su Creador y Libertador.

Ezequiel 9:6-11

Como resultado del juicio de Dios, aquellos que fueron encontrados culpables de realizar falsa adoración y cometer abominaciones en el templo fueron destruidos por los mensajeros de Dios. Los que estaban gimiendo y llorando por causa de los pecados de Jerusalem fueron sellados y protegidos por Dios (Ezequiel 9:3-6).

Ezequiel 10:2-4

Después de la obra realizada por estos mensajeros, Ezequiel narra la partida de Dios del templo de Jerusalem. Cuando Su gloria sale del edificio (Ezequiel 10:8-19), el santuario se llena de una nube (Ezequiel 10:4). Como en el caso de Isaías 6, la separación de la gloria de Dios marcó el final de la intercesión y señaló el destino de un pueblo rebelde. No obstante, donde quiera que fueran transportados, el Señor iría con ellos y sería para ellos *un pequeño santuario* (Ezequiel 11:16-23).

Ezequiel 13:1-3

Ezequiel recalca que la apostasía de Israel se debió a que falsos profetas engañaron al pueblo para que éste se apartara de Dios (Ezequiel 13: 9, 16).

Ezequiel 16

Los resultados de este engaño fueron nefastos. Jerusalem se convirtió en una prostituta que practicó todo tipo de abominación con sus amantes (Ezequiel 16:15, 20, 25, 33).

Ezequiel 22:8

Dios especificó los pecados y las abominaciones de la casa de Israel. El pueblo y sus líderes despreciaron el santuario y contaminaron el Sábado. Al menospreciar el lugar y el tiempo santos, ellos rechazaron las dos instituciones que Dios había establecido para que el ser humano conociera y entendiera Su naturaleza. La presencia de Dios era real en ambas entidades porque Él las diseñó con el fin de facilitar y hacer más significativo el encuentro con Su pueblo (Ezequiel 22:26, 28).

Ezequiel 40-48

Ezequiel finalizó su libro compartiendo las promesas de restauración de Dios. Todas estas promesas se referían al restablecimiento del templo y sus servicios. La adoración a Dios en Sábado sería restituida en el templo restaurado. Las dos instituciones divinas volverían a servir como el lugar y el tiempo sagrados que Dios separó para el encuentro con Su pueblo. Por medio de las últimas visiones dadas a Ezequiel,

Dios reiteró Su promesa de poner fin a la gran controversia y retornar toda la creación a su estado edénico.

Daniel

Al igual que Ezequiel, Daniel escribió su libro mientras estaba cautivo en Babilonia. Él fue llevado a Babilonia en el año 605 a.c., durante la primera campaña de Nabucodonosor contra Siria. Junto a él fueron trasladados otros jóvenes y príncipes hebreos. En su libro, el templo y sus servicios son vitales para comprender el mensaje del autor.

Daniel 1:1-2

Con la destrucción de Jerusalem, el templo también fue asolado, y los vasos empleados en sus servicios fueron utilizados para adorar al dios de Babilonia en su templo pagano. La separación del templo de Dios causó que Israel fuese apartado del Señor.

Daniel 1:17

Sin embargo, Dios no abandonó a los que decidieron ser fieles a Él (Daniel 1:8-14). El Señor bendijo a Daniel y a sus tres amigos dándoles *conocimiento e inteligencia* superior a la de *todos los magos y astrólogos* de Babilonia (Daniel 1:9, 14, 18-20).

Daniel 5:1-4

Pero mientras Dios bendecía a Sus fieles, también castigaba los rechazos de aquellos que recibían Su luz. Este fue el caso del rey Belsasar. El rey desafió a Dios y provocó la intervención divina al profanar los vasos del templo de Jerusalem (Daniel 5:5-6). Este acto selló el destino del rey y de todo el imperio Babilonio (Daniel 5:24-31). Mientras Nabucodonosor había reconocido y alabado al Dios del cielo, Belsasar, que sabía todo lo que su abuelo había hecho, desafió al Dios del cielo (Daniel 5:18-24).[8] Al igual que ocurrió con Israel, en esta

---

8   De acuerdo a documentos cuneiformes descubiertos, traducidos, y publicados durante los siglos XIX y XX, eruditos han podido constatar que Belsasar fue el primogénito de Nabonido, hijo de Nabucodonosor. "Después de darle el reinado

ocasión, la presencia de Babilonia delante de Dios fue determinada por su actitud hacia los vasos del templo.

Además de los relatos históricos, las visiones que recibe Daniel también incluyen terminología, alusiones, y actividades propias del santuario. A través de las visiones, Dios muestra como el destino de naciones es decidido en el santuario celestial.

Daniel 7:9-12

Las cuatro bestias que Daniel vio en visión representan reinos que recibieron la oportunidad de gobernar el mundo (Daniel 7:17). Sus actos hacía Dios, el tabernáculo de Dios, y él pueblo de Dios fueron examinados y juzgados por el Juez del universo (cf. Daniel 7:21-27). El veredicto de la corte celestial estipula la caída y destrucción de estos poderes mientras que le otorga autoridad, gloria, y poder al Hijo del hombre (Daniel 7:13-14), y el reino a los santos del Altísimo (Daniel 7:26-27).

Daniel 8:2-14

Las bestias y la purificación del santuario celestial también son fundamentales para la visión del capítulo 8. La clase de bestias que Dios le muestra a Daniel es una reminiscencia de la fiesta de la Expiación (Levítico 16). Al igual que en el día de la Expiación se examinaba la vida y determinaba la suerte de los israelitas, en el libro de Daniel, la obra divina de purificar el santuario celestial determinaría el destino final de estos poderes mundiales que se opusieron a Dios.

De manera particular, el sistema denominado cuerno pequeño se ha opuesto a Dios, ha atacado el santuario, y ha echado la verdad por tierra (Daniel 8:11-12). Las acciones de ese poder maligno trajeron sobre él el juicio divino (Daniel 8:13-14, 25).

---

a Belsasar en 553/552 a.c. o poco después. . ., Nabonido dirigió una expedición exitosa contra Tema, en Arabia, y fijo allí su residencia por muchos años. Durante ese tiempo, Belsasar se desempeñó como rey en Babilonia y comandante en jefe del ejército. . . La información obtenida de fuentes extra-bíblicas. . . ha vindicado en forma histórica el capítulo 5." Francis D. Nichol, ed. et al, *Comentario Bíblico Adventista del Séptimo Día*, vol. 4 (Boise, ID: Pacific Press Publishing Association, 1985), 834-835.

Daniel 12:1-3

Al final de la controversia, el Señor vindicará a Sus hijos y, por la eternidad, ellos resplandecerán como las estrellas.

El Santuario en los Profetas Menores

El carácter central del templo en el Antiguo Testamento también se puede notar en los escritos de los profetas menores.

Oseas, Amós, y Miqueas

Estos tres profetas sirvieron al Señor durante el mismo tiempo que Isaías lo hizo (Oseas 1:1; Amós 1:1; Miqueas 1:1 cf. Isaías 1:1). Por consiguiente, en sus escritos, estos profetas abordan temas y problemas similares. Prácticamente, ellos denunciaron los mismos pecados que Isaías notificó.

Oseas 1:11

Según el profeta Oseas, a causa de los pecados de Israel, Dios rechazó los servicios del templo y la adoración del pueblo (Amós 5:21-26; Miqueas 1:2-7; 2:1-2; 3:9-11). La casa de Israel se había convertido en una prostituta (Oseas 1-2) a pesar de todas las bendiciones que Dios le había derramado (Oseas 2:8).

Oseas 4:6

El meollo del problema fue el rechazo de la ley y la degeneración del sacerdocio (Oseas 4:9; 8:1, 12-14; Amós 2:4). Como resultado, ellos carecieron de la sabiduría del Señor y fueron llevados en cautiverio (Amós 5:27).

Oseas 10:1

A pesar de haber sido prosperado por el Señor, Israel le fue infiel a Dios. Le dio la espalda a Dios, adoró a numerosos dioses, y construyó bastantes altares para estos dioses (Amós 2:8; 7:9; Miqueas 5:13-14).

Amós 9:1

Como Isaías, Amós también miró a Dios en Su templo (cf. Isaías 6:1). Él vio los marcos del templo sacudidos y oyó a Dios hablar de la destrucción de los israelitas impíos (cf. Isaías 6:4, 9-12). El destino de este pueblo había sido decidido por Dios en el templo celestial. Este acto divino implica la realización de un juicio previo al veredicto final. A causa de su maldad (cf. Amós 8:4-10), ellos no podrían eludir o escapar del castigo de Dios (Amós 9:2-4, 10).

Miqueas 1:2-3

Desde Su templo, Dios fue testigo de las acciones pecaminosos de Su pueblo y salió de él para ejecutar juicio contra ellos (Miqueas 3:12). El desvío del pueblo vino porque Israel fue engañado por falsos profetas (Miqueas 3:5-7).

Miqueas 4:1-3

Miqueas concluye su libro brindando promesas de restauración. Al final, Dios restaurará el templo y el pueblo de Israel será educado en la ley y la Palabra de Dios. La gente también será transformada. La violencia y la perversión ya no serán parte de su vida (Miqueas 6:6-8). Estas promesas resaltan y garantizan la victoria final de Dios contra Satanás (cf. Oseas 14:4-7; Amós 9:13-15).

Joel

En su mensaje, Dios le dijo a Joel que Él iba a retener las ofrendas del templo y que los sacerdotes tendrían un ayuno forzado (Joel 1:13). Dios no iba a mantener más el ministerio de estos líderes (Joel 1:16). El anuncio divino es un indicio de que los líderes religiosos de Israel no estaban atendiendo las necesidades espirituales de Su pueblo. Había algo que no estaba bien con su ministerio sacerdotal en el templo.

Joel 1:14

Para dar este mensaje, Dios emplea el lenguaje del día de la Expiación (Levítico 23:27, 32; 16:29-31). La significación de esta acción se puede observar en Joel 2:1. En este pasaje, el profeta usa la palabra *shophar* que en Hebreo significa *trompeta*. El empleo de *shophar* es importante en la perícopa de Joel porque esta palabra era utilizada para identificar el cuerno de carnero que se usaba en el templo en el marco de la celebración de esta fiesta.

Durante el festejo de la Expiación, los hijos de Israel tenían que afligir sus almas y humillarse delante del Señor (Levítico 16:29-31). Este contexto es esencial para entender el llamado del profeta. Joel invita al pueblo de Israel a lacerar sus corazones delante de un Dios compasivo *con ayuno, y lloro, y llanto*. La invitación incluye congregar a todos en santa asamblea y pedir perdón por todos sus pecados. El Señor deseaba quitar el oprobio que el pueblo había traído sobre Él en medio de las otras naciones (Joel 2:12-17). Estos eran actos propios de la solemnidad de la Expiación.

Joel 2:21-32

Un cambio de actitud del pueblo traería como resultado bendiciones de Dios. El Señor les enviaría:

- La lluvia temprana y tardía a la tierra.

- Su Espíritu sobre ellos.

Abdías

El libro de Abdías es una profecía contra Edom, el pueblo descendiente de Esaú. En su corto libro, el profeta Abdías describe la invasión de Babilonia a Jerusalem y la participación que los edomitas tuvieron en la destrucción de la ciudad y la matanza de israelitas debido a su maldad (Abdías 10-14). De acuerdo al profeta, Edom era un pueblo orgulloso y soberbio que se consideraba indestructible (Abdías 3). Su enemistad contra Israel es una reminiscencia del conflicto entre Esaú y Jacob (Génesis 27:35-41). Edom aprovechó la invasión de Babilonia para cumplir la venganza que su padre Esaú tuvo contra su hermano Jacob. Por la soberbia y la opresión de Edom contra Israel, Dios trajo juicio contra la nación

(Abdías 15-16, 21).[9] Hacía el final de su libro, Abdías menciona la promesa que Dios hace a los hijos de Israel. Esta promesa indica que la restauración, la salvación, y la santidad proceden del monte de Sión–del templo del Señor (Abdías 17-20; Isaías 2:2-3; Jeremías 26:18; Miqueas 4:1).

Habacuc

Habacuc escribió acerca de las injusticias y la iniquidad de príncipes, sacerdotes, y gentes de Israel contra los justos (Habacuc 1:2-4, 13). El profeta miró la violencia que estaba aconteciendo y pidió a Dios que hiciera justicia. A pesar de la condición reinante en medio del pueblo, el Señor escogió no responder de inmediato. Por causa del silencio divino, Habacuc decidió no hacer nada más y esperar hasta que recibiese respuesta de Dios (Habacuc 2:1). La respuesta divina fue que los justos tendrían que vivir por fe en medio de la maldad (Habacuc 2:2-4).

En Su respuesta a Habacuc, Dios le menciona una serie de ayes que algunos estarían dispuestos a exclamar sobre la persona que es arrogante, desafiante, y que continúa sus acciones pecaminosas contra Dios (Habacuc 2:5-19). La reacción de Dios hacia aquellos que profieren tales ayes fue recordarles que Él está en Su santo templo y toda la tierra debe callar delante de Él (Habacuc 2:20).[10] Este no era tiempo para proferir ayes, practicar iniquidad, o confiar en falsos dioses. Tampoco era tiempo para que individuos miraran los pecados de otros o compararan sus vidas con la del profeta. Este era tiempo de callar y dejar que Dios hiciera Su obra desde Su templo. La tarea divina consistía en cumplir la visión que Él le había mencionado al profeta antes (Habacuc 2:3).

---

9   Geográficamente, Edom estaba ubicado al sur de Judá. Por lo tanto, aquellos israelitas que eran atrapados y matados por los edomitas estaban seguramente huyendo a Egipto en busca de refugio. De manera especial, Jeremías describe a un buen número de líderes israelitas que piden la ayuda de Egipto contra Babilonia y prefieren huir a Egipto antes que entregarse a Nabucodonosor (Jeremías 44).

10   La labor de proferir ayes o examinar los pecados de las gentes pertenece sólo a Jehová.

El concepto de silencio delante del Señor también se presenta en los escritos de otros profetas y se encuentra en el contexto de la venida del Señor para hacer juicio contra los impíos (Sofonías 1:7; Zacarías 2:13). Por lo tanto, el pueblo de Israel necesitaba comprender que éste es tiempo de ser humildes y estar en oración ante el Señor. La gente debe examinarse a sí misma y confesar sus pecados, no sea que Dios venga y haga juicio contra ellos. Este concepto refleja el lenguaje del día de la Expiación (Levítico 23:27-32).

Sofonías

Sofonías es un profeta que vivió antes del cautiverio babilonio. Él profetizó en los días de Josías, rey de Judá. En su libro, el profeta registra cargos contra tres grupos de pueblos–Judá y Jerusalem (Sofonías 1; 3:1-8), las naciones enemigas (Sofonías 2:1-12), y Nínive (Sofonías 2:13-15). Él finaliza su libro con un mensaje para el remanente fiel de Dios (Sofonías 3:9-20).

Sofonías 1:4-6

Al comienzo de su libro, el profeta cita las razones por las cuales Dios determinó juzgar a Judá:

- Por el culto a Baal.
- Por exaltar el nombre de Chemarim.
- Por inclinarse y adorar el ejército del cielo.
- Por apartarse de Dios.

El pueblo había apostatado y practicaba falsa adoración. Había un claro desvío de los principios enseñados por Dios e ilustrados en los servicios del templo.

Sofonías 1:7-8

El profeta compara el día del Señor con el sacrificio de un animal en el altar del templo. El juicio divino va dirigido contra los líderes y aquellos que realizan actos inicuos (Sofonías 1:9-13). Durante este tiempo, el justo debe permanecer en silencio, examinar su vida, y afligir su alma delante del Señor. Esto se debe a que Dios va a investigar a todos en Jerusalem y va a visitar a los que creen que Él no va a hacer nada por sus pecados (Sofonías 1:12).

Mientras que algunos quieren seguir en pecado, el pueblo de Dios debe confesar silenciosamente sus pecados y pedir perdón (Sofonías 2:1-3). La correcta actitud del pueblo y la labor investigadora de Dios eran características que distinguían la fiesta de la Expiación de otras solemnidades (Levítico 23:27-29).

Sofonías 3:1-4

El problema de Jerusalem fue que ella se convirtió en una ciudad sucia, contaminada, y opresora. La justicia fue tergiversada. Su pueblo y sus líderes no quisieron escuchar ni confiar en el Señor.

- Los jueces abusaron del pueblo.
- Los falsos profetas engañaron al pueblo.
- Los sacerdotes contaminaron el santuario y distorsionaron la ley.

La perversión de los servicios del santuario y el abandono de la ley trajo opresión, injusticia, e iniquidad entre el pueblo. El templo era el centro donde se instruía al pueblo concerniente a la Palabra y la ley de Dios. Cuando esto no se logra, la corrupción es el resultado.

Haggeo

Haggeo es un profeta que vivió durante el cautiverio. Él profetizó durante el reinado de Darío, rey de Persia (Haggeo 1:1). En su libro, el templo juega un papel trascendental en la vida de aquellos que están en cautiverio. Era la clave para su prosperidad material. Su actitud hacia el templo determinaba las bendiciones de prosperidad que Dios deseaba derramarles.

Haggeo 1:2-4

Mientras estaban cautivos, muchos en el pueblo de Dios estaban más preocupados por su comodidad personal y estabilidad financiera.

Ellos habían razonado que todavía no era el momento de construir el templo de Dios. Por lo tanto, ellos dedicaron su tiempo y energía para construir sus propias casas. Al ver su actitud, Dios decidió preguntar acerca de cual debería de ser la prioridad adecuada. ¿Qué es más importante–reconstruir la casa de Dios o construir viviendas personales?

Haggeo 1:5-10

Por haber colocado el templo como algo secundario en su lista de prioridades, Dios determinó no bendecirles sus tierras. La escasez de bienes materiales fue el resultado de mantener la casa de Dios abandonada. Al parecer, la disposición de este grupo de judíos era pecaminosa y daba a entender que ellos todavía estaban en rebelión contra Dios. Como en los días antes del cautiverio, estas gentes todavía manifestaban poca o ninguna consideración hacia Dios y Su templo. Su corazón no estaba con el Señor y ellos necesitaban experimentar la conversión (Haggeo 2:14-15, 18). Esta postura reflejaba el poco interés que el pueblo tenía por volver a tener la presencia de Dios en su medio.

Un pueblo sin templo no podía experimentar el nuevo nacimiento. Cuando esto sucede, la ley no es enseñada y el pueblo no viene a encontrarse con su Dios en el templo. Como resultado, el Señor detuvo la lluvia y la tierra no dio sus frutos (Haggeo 1:10 cf. Levítico 26:19; Deuteronomio 28:23; 1 Reyes 8:35; 2 Crónicas 7:12-15).

Haggeo 1:12-14

Cuando el mensaje de Dios y las palabras de Haggeo fueron escuchadas por Zorababel, gobernador de Judá; por Josué, sumo sacerdote; y por el resto del pueblo; todos temieron *delante de Jehová*. El Señor despertó el espíritu de los líderes y del pueblo en general y todos se levantaron para reconstruir la casa del Señor.

Haggeo 2:3-4

La decisión de reedificar el templo fue secundada por palabras de aliento que Dios le envió al pueblo. Desafortunadamente, el segundo templo no tendría la misma gloria y belleza exterior del primero. No habían recursos disponibles para hacerlo hermoso. Por esta razón, el segundo templo tendría una apariencia más sencilla que el primero. No obstante, la simplicidad del nuevo edificio sería su mayor ventaja.

Haggeo 2:7-9

La gente no debía de confiar en el aspecto físico de un edificio. La importancia del templo no radicaba en la estructura misma, sino en el que la habitaba–Dios. Por lo tanto, la única razón por la cual la gloria del segundo templo sobrepasaría a la del anterior sería porque el *Deseado de todas las gentes* vendría a morar en ella.

Este acto divino sería el cumplimiento final de la promesa que Jehová hizo en Éxodo 25:8. El Mesías vendría para instruir al pueblo en la ley y en la Palabra del Señor. Dios vendría al templo para reunirse con Su pueblo en Su santa morada. En el templo, el tipo y el anti-tipo se encontrarían. Su presencia restauraría el verdadero significado del templo y los sacrificios.

Zacarías

Zacarías fue otro profeta que vivió durante el período del cautiverio y ministró durante el reinado de Darío, rey de Persia (Zacarías 1:1). Zacarías fue contemporáneo de Haggeo. En sus escritos, ambos profetas abordaron temas similares con relación a las malas obras del pueblo y su necesidad de conversión. De igual manera, Zacarías también ofreció un mensaje de esperanza para la casa de Israel.

Zacarías 1:16

Según el profeta, Dios ha vuelto a tener misericordia de Jerusalem y promete que el templo será reconstruido (Zacarías 1:17). La reedificación del templo traería consigo otras bendiciones.

Zacarías 2:10-12

Esto significa que el Señor volvería a morar entre Sus hijos y elegiría a Judá y a Jerusalem como Su tierra santa. Con el restablecimiento del templo, el pueblo volvería a tener la oportunidad de encontrarse con Dios en Su morada.

Zacarías 3:1-7

Para que esto ocurriera, el sacerdocio en Israel tenía que ser transformado espiritualmente. Los sacerdotes no podían servir en el segundo templo cometiendo los mismos pecados que antes habían llevado a Jerusalem al cautiverio. La condición espiritual de los líderes religiosos hace necesario que ellos sean purificados antes de ministrar delante de Dios.

La baja espiritualidad y la necesidad de conversión de estos líderes fueron ilustradas a través de la experiencia de Josué, el sumo sacerdote de la época. Antes de poder servir a Dios en Su templo, el pecado de Josué tenía que ser retirado y él tenía que ser cubierto con la justicia de Dios. De lo contrario, el diablo podía reclamarlo como suyo y su ministerio no sería de bendición para Israel. La restauración del sacerdocio era esencial para la restitución de todo el pueblo. A través de su ministerio en el nuevo templo, los sacerdotes tendrían la oportunidad de reconciliar al pueblo con Dios.

Zacarías 3:8

El restablecimiento del pueblo garantizaría la venida del *Pimpollo*. Él construiría el templo del Señor, le daría gloria al recinto, sería un sacerdote, reinaría en su trono, y habría paz entre Dios y el pueblo (Zacarías 6:12-13 cf. Haggeo 2:7).

Zacarías 4:9

La edificación del templo fue confiada a Zorobabel. Sin embargo, la construcción no se podía realizar con fuerza humana, sino con el poder del Espíritu del Señor (Zacarías 4:1-6). La fabricación del templo por parte de Zorobabel sería la señal que autenticaría el llamado de Zacarías para hablarle al pueblo.

Zacarías 8:7-9

La reconstrucción del templo significaría que Israel volvería a ser el pueblo de Dios y Él sería Su Dios en verdad y en justicia. La restauración de su relación con Dios haría que los hijos de Israel tuvieran que hablar la verdad, hacer justicia, y evitar jurar falsamente (Zacarías 8:16-19).

Zacarías 14:16-21

Zacarías acabó su libro mencionando la restitución de la adoración y las solemnidades en el templo. La restauración de la verdadera adoración y de las fiestas conmemorativas evitarían que individuos con prácticas paganas o incorrectas sirvieran en el templo.

Malaquías

Malaquías fue el último profeta del Antiguo Testamento. Él escribió su libro alrededor del año 425 a.c. En su obra, el profeta abordó a los sacerdotes de Israel y sus caminos pecaminosos. A pesar de la restauración que Dios había realizado, los sacerdotes se habían vuelto a corromper. Por sus actos, ellos habían mostrado desacato hacia el Señor (Malaquías 1:6-8) y habían profanado Su santo nombre (Malaquías 1:11-12). Los líderes religiosos habían regresado a las prácticas de sus padres que habían vivido después del exilio (Malaquías 2:7-9). Ellos habían engañado al pueblo y habían pervertido la ley.

Malaquías 3:1-4

Sin embargo, el Señor prometió enviar a Su mensajero para preparar Su venida al templo (Haggeo 2:7; Zacarías 3:8; 6:12-13; Malaquías 4:5). La promesa de la venida del Señor a Su templo parece ser fuerte entre algunos profetas menores. Sólo el Mesías podía traer verdadera reforma al templo y al sacerdocio. La venida del Mesías debía de efectuar una verdadera limpieza y purificación entre los hijos de Israel (Malaquías 3:2-3).

Malaquías 3:7-9

Debido a que el sacerdocio en el tiempo de Malaquías se había corrompido, los líderes espirituales no podían instruir al pueblo en la ley. Como resultado, la gente se había apartado de los principios de la ley. No sólo estaban abusando a los más vulnerables (Malaquías 3:5), sino que también estaban robando a Dios por no traer sus diezmos al templo (Malaquías 3:8-9). El ministerio en el templo no podía llenar las necesidades espirituales del pueblo porque algunos no eran fieles a Dios.

Malaquías 3:10-12

En medio de la corrupción de los líderes y el desvío del pueblo, Dios les ofrece promesas de restauración. Si aquellos que habían retenido sus diezmos decidieran ser fieles, Dios los bendeciría abundantemente y ellos se convertirían en tierra deseable.

Los escritos de los profetas del Antiguo Testamento atestiguan la importancia del templo en la economía espiritual hebrea. Más allá de haber sido el centro de la vida religiosa para los israelitas y su lugar de adoración, el templo fue la morada de Dios en la tierra. Su presencia llenó de significado todos los servicios, las ceremonias, y los muebles del templo. Por haber sido la casa de Dios, el templo fue el sitio donde el pueblo podía llegar para tener un encuentro con el Señor. En la medida que ellos adoraban a Dios, la gente era instruida en Su ley y Su palabra. Aquellos que fueron enseñados en los principios de Dios tuvieron la oportunidad de compartir el conocimiento del Señor y Su pacto con el ser humano. De esta manera, la gloria del Señor llenaría la tierra.

En la medida en que los líderes religiosos y el pueblo en general recordaran el propósito por el cual tenían un templo, ellos tendrían la oportunidad de disfrutar de justicia, paz, y vida. Los efectos de la gran controversia entre el bien y el mal serían minimizados y el pueblo podría cumplir su parte en el plan de salvación. Una vez que ellos perdieron de vista la importancia del templo, la corrupción, la injusticia, y la muerte llegaron a ser la orden del día. Al distorsionar el templo y sus servicios, Israel no podía evangelizar al mundo y ser el reino de sacerdotes que Dios anhelaba que fuera.

Como resultado, el Señor prometió restituir el templo y enviar al *Deseado de todas las gentes* para cumplir el propósito inicial por el cual el tabernáculo fue establecido. Esta labor formó parte del ministerio de Jesús en el Nuevo Testamento. A continuación se hará un breve análisis de la importancia del santuario en el ministerio de Jesús y en los escritos de los apóstoles.

El Santuario en los Evangelios y Hechos

En los cuatro evangelios y en el libro de Hechos, cada uno de los autores hizo un énfasis diferente en algún aspecto de la persona, ministerio, y sacrificio de Cristo Jesús. En cada enfoque, Jesús era presentado como el cumplimiento de alguna promesa, profecía, o ceremonia. A través de sus mensajes, los evangelistas enlazaron esta variedad de facetas acerca del Salvador con los símbolos antiguos de una manera muy especial. Ellos emplearon diversos términos y lenguaje litúrgico al igual que alusiones relacionadas con el santuario para que sus lectores pudieran hacer la asociación sin mucha dificultad. Por lo tanto, al igual que sus homólogos del Antiguo Testamento, los escritores del Nuevo Testamento también encontraban su base en el santuario. Los siguientes son sólo algunos ejemplos que ilustran este concepto.

Los Evangelios

En los evangelios, los autores no sólo destacan el cumplimiento del santuario y sus servicios en la persona y ministerio de Cristo. Ellos también recalcan la comprensión que Jesús tenía del tema y la manera como Él se señala a sí mismo como su realización.

Mateo 2:11

Al poco tiempo de haber nacido el Señor, los reyes magos llegaron a la casa donde vivían José, María, y el niño Jesús para adorarlo y darle obsequios. Uno de estos dones fue *incienso*, elemento que los sacerdotes de Israel empleaban en el templo para simbolizar la intercesión divina (cf. Números 16:44-48). Aunque se desconoce el criterio empleado para la elección de sus presentes, la implicación de este regalo es importante. Jesús había nacido en este mundo para poder ser un sacerdote compasivo y misericordioso (Hebreos 4:14-16). Desafortunadamente, durante Su ministerio, los líderes religiosos y el pueblo judío no reconocieron a Cristo como su Intercesor y Salvador y terminaron clavándolo en la cruz. Su discernimiento espiritual fue vedado para no reconocer el carácter santo del Mesías (cf. 2 Corintios 3:14-16). Pareciera que una vez más Satanás hubiera alcanzado su propósito en el conflicto con el Señor.

Mateo 23:37-38

Los pecados del pueblo y de sus líderes unido al rechazo de la protección divina causaron una vez más que Dios abandonara el templo. Con la salida de Dios, el templo, sus muebles, y servicios perdieron valor y significado en el plan divino. El encuentro entre Dios y Su pueblo fue nuevamente interrumpido y el sitio de reunión eventualmente destruido.

Mateo 26:63-65

Luego Caifás, el sumo sacerdote de la época, le restó importancia a su cargo y subestimó a Aquel a quien estaba prefigurando. Su desprecio del Hijo de Dios lo llevó a rasgar sus vestiduras sacerdotales. Por medio de Moisés, Dios había claramente instruido que las sagradas vestimentas sacerdotales no debían ser rasgadas bajo pena de muerte (Levítico 10:1-7). Ellas habían sido confeccionadas para honra y hermosura del Señor (Éxodo 28:2) y santificadas con el aceite de la unción (Levítico 8:30). Los atuendos sacerdotales reflejan el carácter de Dios. Al rasgar las vestimentas se estaba distorsionando el carácter divino. En consecuencia, con este acto, Caifás se auto-descalificó del cargo de sumo sacerdote y selló su propia condenación.

Mateo 27:51

Después, con Su muerte, Jesús puso fin al sistema de ritos y ceremonias que se realizaban en el templo. Con Su sacrificio, el santuario y sus servicios perdieron vigencia para el pueblo de Dios en el Nuevo Testamento. La obra de salvación continuaría con el ministerio sacerdotal de Cristo en el santuario celestial (cf. Hebreos 8:1-2).

Sin sumo sacerdote, servicios, ni templo, el pueblo judío quedó privado de las bendiciones de Dios y perdió de vista la perspectiva espiritual de todos los ritos y ceremonias que habían celebrado por tantos siglos. Como pueblo, los judíos habían sucumbido en la gran controversia entre el bien y el mal. Como individuos, sólo les quedaba buscar a Dios y pedir discernimiento espiritual para reconocer a Cristo como el cumplimiento de todas las profecías y promesas hechas por Dios en el antiguo.

Lucas 2:21-39

En su evangelio, Lucas destaca tres eventos que sucedieron después del nacimiento de Cristo.

- Jesús es circuncidado al octavo día y recibe Su nombre (Lucas 2:21).

- Cuarenta días después, Jesús es llevado al templo para ser presentado al Señor y para traer la ofrenda requerida por Dios (Lucas 2:23-24 cf. Levítico 12:2-6). En el recinto sagrado, Jesús es introducido por Simeón como la Luz de los gentiles y la gloria de Israel (Lucas 2:25-35), como la esperanza de un mundo caído.

- En la misma ocasión, mientras Simeón bendecía a Jesús, Ana, profetisa, también confesaba al Señor a todos los que esperaban la redención en Jerusalem (Lucas 2:36-38).

Estos sucesos tuvieron como centro a Cristo Jesús y la labor que venía a realizar en la tierra. Acaecieron en el templo para resaltar el rol que este recinto había ejercido en la transmisión del plan de salvación.

Lucas 2:42-47

A la edad de doce años, Jesús asiste con Sus padres a Jerusalem para celebrar la Pascua. Terminada la fiesta, los padres se regresaron a su casa, pero Jesús se quedó. Pensando que lo habían perdido, José y

María regresan a Jerusalem y, después de tres días de intensa búsqueda, encuentran a Jesús en el templo dialogando con los doctores de la ley. El conocimiento y entendimiento de la Escritura había impresionado a estos líderes judíos. Allí, el Señor restaura la correcta comprensión de las Escrituras.

Juan 1:14

Según el apóstol Juan, Jesús, el Creador de todo (Juan1:1-3), se hizo *carne, y habitó entre nosotros* . . . El verbo *habitar* viene del Griego *skenoo*. El uso de este verbo es significativo porque indica que Jesús vino a hacer un tabernáculo en medio de Su pueblo.[11] Por lo tanto, la venida de Jesús a la tierra fue el cumplimiento final y total de la promesa que Dios hizo a Israel en Éxodo 25:8. Haggeo profetizó este evento en su libro (Haggeo 2:7).

Juan 1:29, 36

A la vez que es el Creador, Jesús fue introducido por Juan el Bautista al pueblo judío como el *cordero de Dios que quita el pecado del mundo*. La significación de esta descripción del Salvador se deriva del término que Juan empleó para referirse a Jesús. En lugar de utilizar la palabra común para referirse a un cordero regular (*probatos*), él empleó el término litúrgico (*amnos*) que se le aplicaba sólo a los corderos que eran sacrificados en el templo. De esta manera, Juan el Bautista presentó a Jesús, no como una oveja regular, sino como el Cordero sacrificial que había sido prefigurado desde el comienzo de la historia humana.

Juan 14:1-3

Antes de la fiesta de la Pascua (Juan 13:1), Jesús le hizo una doble promesa a Sus discípulos.

- *voy, pues, a preparar lugar para vosotros* (Juan 14:2).

- *vendré otra vez, y os tomaré a mí mismo* (Juan 14:3).

Aunque muchos creen en la segunda venida del Señor, son pocos los que entienden la obra de *preparar lugar*. Esta importante labor está

---

11   La palabra *tabernáculo* (*skene*) se deriva del verbo *skenoo*.

intrínsecamente relacionada con el ministerio sacerdotal de Cristo en cielo (cf. Marcos 16:19; Hebreos 4:14-16; 10:11-12).

Además de subrayar que Jesús es la realidad a la cual apuntaban los símbolos y ceremonias del santuario, los evangelistas también tuvieron cuidado de incluir en sus mensajes la perspectiva que Cristo tenía de Él mismo en relación con el santuario. Según ellos, Jesús se presentó al pueblo judío como Aquel a quien el santuario y sus muebles habían prefigurado por tantos siglos. En varias ocasiones, el Señor Jesús se comparó con el templo (Mateo 12:5-6; Juan 2:19) y como la única y verdadera fuente de las bendiciones que se recibían al ir al templo (Mateo 11:28-30; Lucas 13:34; Juan 7:37-38 cf. Salmos 27:4-5; 36:7).

En otras oportunidades, Jesucristo resaltó como Su ministerio era un reflejo de los muebles y otros componentes del santuario. Por ejemplo, Él se describió a sí mismo como la luz del mundo símbolo del candelero (Juan 9:5); Él se refirió a sí mismo como el verdadero maná (Juan 6:31-35, 51, 58); Él se vio a sí mismo como el cordero pascual que habría de ser sacrificado por la salvación de todos (Lucas 22:15-20); Él se presentó como Aquel que juzgaría al mundo, labor que realizaba el sumo sacerdote en el lugar santísimo del santuario (Juan 5:22; 9:39 cf. Levítico 16); y Él se definió a sí mismo como el verdadero dador e intérprete de la ley (Mateo 5:17-19, 21-22, 27-28, 32).

Todos estos detalles confirman que Cristo estaba conciente de lo que Él era y de todo lo que Él representaba para el pueblo judío que había sido bendecido con un templo y todo un ritual prescrito directamente por Dios. Su venida al mundo y Su sacrificio en la cruz del Calvario marcó el fin de una era caracterizada por símbolos y ceremonias, e inauguró una nueva etapa que se distingue por Su sacrificio y mediación celestial. Alabado sea Dios por la hermosa concreción de todas Sus promesas!

Hechos de los Apóstoles

En Hechos de los Apóstoles, Lucas, el autor, denota el papel que desempeña el templo en la proclamación del evangelio por parte de los apóstoles. Al igual que en el antiguo, Dios vuelve a utilizar el templo para instruir a Sus hijos en cuanto a Su gracia y justicia. Las sinagogas, instituciones conectadas con el templo, también sirvieron de plataforma para el ministerio de los discípulos del Señor.

Hechos 2:33

En el mensaje que el apóstol dio en el día del Pentecostés, Pedro declaró que Jesús fue exaltado a la diestra del Padre. Al llegar al cielo y sentarse a la diestra de Dios, una de las primeras peticiones que el Salvador hizo al Padre fue que enviara el Espíritu Santo a Sus discípulos (Juan 14:16, 26). El Señor había prometido mandarles el Espíritu Santo para que entendieran que cuando el Espíritu fuere derramado sobre ellos, el Señor estaría comenzando Su ministerio intercesor en el santuario celestial.

El Espíritu Santo fue derramado en forma de lenguas de fuego (Hechos 2:3). En ocasiones anteriores, el Espíritu del Señor había sido comparado con agua (Juan 7:37-39) y con una paloma (Mateo 3:16). En esta oportunidad, Dios usa la imagen del fuego para ilustrar el derramamiento de Su Espíritu. Esto es significativo porque la inauguración del ministerio sacerdotal de Aarón fue marcado con fuego del cielo (Levítico 9:23-24). Al entrar Jesús al santuario celestial para oficiar como Sumo Sacerdote, Dios también señaló este acontecimiento con fuego.

El Santuario en la Teología Paulina

Después de su conversión en Damasco, Pablo dedicó tiempo para investigar y analizar el lugar que ocupaba Cristo en los ritos, ceremonias, servicios, la ley, las promesas, y las profecías dadas por Dios antiguamente (Gálatas 1:15-24; 2:1-2 cf. Efesios 4:10). De esta manera, Jesús se convirtió en el centro de la teología paulina. Él encontró que el Salvador era el fundamento de la economía espiritual hebrea y el cumplimiento de los rituales que se realizaban en el santuario terrenal. Pablo observó que la muerte, sepultura, y resurrección de Cristo no fueron acontecimientos aislados y sin significado. Por el contrario, el apóstol entendió que estos sucesos acaecieron en cumplimiento de las tres primeras solemnidades que se celebraban en el santuario.

- Jesús fue el cumplimiento de la fiesta de la Pascua (1 Corintios 5:7). La Pascua se celebraba *en el mes primero, a los catorce del mes* (Levítico 23:5).

- Jesús fue el cumplimiento de la fiesta de los Panes Ázimos o sin levadura (1 Corintios 5:8). Los Panes Ázimos se observaba al día siguiente de la Pascua, *a los quince días de este [primer] mes* (Levítico 23:6).

- Jesús fue el cumplimiento de la fiesta de las Gavillas o Primicias–Primeros Frutos de la tierra (1 Corintios 15:20, 23). Las Primicias se traían delante del Señor después de guardar la solemnidad de los Panes Ázimos (Levítico 23:10-14).

1 Corintios 9:13-14

Manteniendo la perspectiva teológica del santuario en su pensamiento, Pablo también instruyó que el ministerio en el Nuevo Testamento debía ser sostenido de la misma manera que fue mantenido el sacerdocio en el Antiguo Testamento. El diezmo fue el medio que Dios escogió para sustentar el ministerio en el santuario israelita (Números 18:20-31). La comparación de Pablo es significativa porque muestra que el sacrificio de Cristo no acabó completamente con la estructura y obra sacerdotal que se realizaba en el templo terrenal.

Por el contrario, el deber de sostener el ministerio actual a través del diezmo se desprende del santuario. Realizar algo diferente significaba apartarse del modelo divino. Mientras Jesús ministra en el cielo en favor de Su iglesia, en la tierra, Sus ministros deben dedicarse 100% a trabajar por los creyentes y ser sostenidos por medio del diezmo.

Efesios 6:10-18

A la misma vez, Pablo le recuerda a la iglesia cristiana la cruda realidad de la existencia de un conflicto milenario que amenaza con destruir al pueblo de Dios. En esta controversia cósmica, las intenciones de Satanás contra la iglesia son malignas y para llevarlas a cabo emplea armas que no son convencionales (2 Corintios 2:11; Efesios 4:14). Por esta razón, el apóstol recomienda que el cristiano se coloque la armadura espiritual de Dios para enfrentar las *asechanzas del diablo* (Efesios 6:11). La palabra griega que se traduce por *asechanza* es *methodeias*. La composición de este vocablo Griego puede parecer y sonar un poco familiar a todos los que hablan Castellano. Su traducción es *métodos* y el valor de este término se encuentra en revelar la estrategia que Satanás utiliza en la gran controversia. Lejos de usar una misma forma de engañar, el enemigo de Dios y de Su pueblo utiliza diversas metodologías para tentar. Esta realidad requiere que los hijos de Dios no se confíen de que la victoria contra el diablo va a ser fácil. Por el contrario, ellos deben examinarse a sí mismos para fortalecer las áreas donde son débiles y solidificar aquellas que sean firmes.

Hebreos

El libro de Hebreos es una presentación teológica del ministerio de Cristo Jesús en favor de Sus hijos a la luz de lo que se hacía en el santuario terrenal. En este libro, de manera muy significativa, Pablo llama a Cristo Sumo Sacerdote (Hebreos 4:14-16) y lo presenta como ministro del santuario celestial (Hebreos 8:1-6; 9:11-15, 23-24).[12] De esta manera, él dirige la atención de sus lectores a la obra sacerdotal que antiguamente se realizaba en el templo. Por lo tanto, aquellos que desean comprender el ministerio sacerdotal de Cristo en el santuario celestial deben estudiar y entender el trabajo de los sumos sacerdotes en el santuario terrenal en el Antiguo Testamento. Tanto la labor sacerdotal como los muebles del santuario eran símbolos de las realidades celestiales que Cristo desempeñaría en favor de Su pueblo (Hebreos 8:5; 9:8-12, 23).

---

12 La paternidad literaria de Hebreos ha sido motivo de discusión entre eruditos y pensadores cristianos a través de varios siglos. El autor de esta obra cree seriamente que sólo Pablo, por su capacidad teológica y referencias al santuario en sus otros escritos, pudo haber redactado esta carta.

El Santuario en Apocalipsis

Al igual que Hebreos, el mensaje del libro de Apocalipsis también encuentra su base en el santuario. El autor estructuró el libro en siete unidades indivisibles. Cada una de estas secciones es introducida por una visión de santuario. Dentro de cada unidad, Juan también menciona muebles y emplea lenguaje litúrgico relacionado con el santuario. Estas dos características destacan a Apocalipsis como un libro sacerdotal y de adoración.

Las primeras tres unidades de Apocalipsis–las siete iglesias (Apocalipsis 1-3), los siete sellos (Apocalipsis 4:1-8:1), y las siete trompetas (Apocalipsis 8:2-11:19)–se enfocan en los muebles del atrio y del lugar santo del santuario.[13] Estos dos espacios del santuario eran sitios donde se realizaba la obra intercesora de los sacerdotes por el pueblo. Los muebles de estos dos recintos también acentúan el ministerio intercesor de Cristo en el santuario celestial. Su gracia y misericordia todavía están disponibles para la raza humana. Por lo tanto, el creyente necesita aprovechar que todavía hay gracia disponible para entregar su vida al Señor. No obstante, de acuerdo a Juan en Apocalipsis, la gracia divina no es indefinida porque llegará el tiempo cuando ésta llegue a su fin.

---

13   Estas tres unidades describen todos los muebles del lugar santo menos la mesa de los panes de la proposición. En su lugar, se menciona el *trono* de Dios. Este detalle indica que la mesa y el trono son la misma cosa. Mientras Cristo ministra en el lugar santo, Su trono está representado por la mesa de los panes. Cuando inicia Su ministerio en el lugar santísimo, Su trono es representado por el arca del pacto. En la Biblia, el trono de Dios es descrito como teniendo ruedas y siendo movible (Ezequiel 1:15-21, 26; 10:15-20; Daniel 7:9). ¿Será que existen dos tronos? La Escritura menciona que Dios tiene dos tronos:

• El trono de la gracia (Hebreos 4:16). La invitación a acercarse al trono de la gracia se hizo cuando Jesús comenzó a ministrar en el santuario celestial.

• El trono de la gloria (Mateo 25:31). Las personas son divididas en dos grupos como resultado del juicio divino. La separación fue efectuada de acuerdo a sus obras.

La unidad central de Apocalipsis–eventos finales (Apocalipsis 12-14)–es introducida por una visión en el lugar santísimo (Apocalipsis 11:19). Allí, Juan observa el arca del pacto y varios instrumentos de juicio como relámpagos, truenos, temblor, y granizo. Esta porción del libro es significativa por tres razones. Primero, introduce el juicio de Dios en el santuario celestial sobre los habitantes de la tierra (Apocalipsis 11:18). Este juicio es el que determina el destino de los poderes perseguidores de la iglesia y la suerte del pueblo de Dios.[14] Segundo, presenta los principales eventos del conflicto de los siglos a partir del nacimiento de Jesús hasta el fin del tiempo. Tercero, sirve de transición entre las dos mitades de Apocalipsis y explica porque la puerta de la gracia se cierra para la humanidad.

Las últimas tres unidades de Apocalipsis–las siete plagas postreras (Apocalipsis 15-19), el milenio (Apocalipsis 20), y la tierra nueva (Apocalipsis 21-22)–no contienen muebles del santuario. Ellas se centran en eventos que surgen como resultado del ministerio sacerdotal que se llevaba a cabo en el santuario celestial. Estos sucesos indican que la gracia ha terminado para los habitantes de este mundo (Apocalipsis 15:5-8 cf. Isaías 6:4-5, 9-10); Satanás, como el macho cabrío Azazel en el antiguo (Levítico 16:8, 20-22), será tomado prisionero y lanzado fuera del campamento de los redimidos (Apocalipsis 20); y los redimidos disfrutarán de cielos nuevos, una tierra nueva, y una nueva relación con Dios (Apocalipsis 21-22).

Con el fin de facilitar una mejor comprensión del mensaje apocalíptico, se brindan a continuación las siguientes dos gráficas. El

---

14 En Apocalipsis 14:7, el ángel presenta el juicio de Dios en tiempo pasado. El verbo *elthon* que aparece traducido como *venido* se encuentra en tiempo imperfecto. Esto indica que una obra de juicio ya había comenzado en los días de Juan para la nación judía (Juan 3:16-18, 36). La aceptación o rechazo de Cristo era el medio que decidía los casos de los individuos (Juan 5:22, 24, 27; 9:40-41). Este juicio ilustra el gran juicio cósmico que el Señor realizaría en el santuario celestial sobre toda la raza humana (Daniel 8:13-14). La primera venida de Jesús y Su sacrificio en la cruz vuelven a ser las bases para este juicio. Con estos dos eventos, el ser humano no tiene excusa para pecar. Por lo tanto, el juicio de Dios no es sólo un proceso legal donde se compara la vida del pecador con la ley de Dios, sino que también involucra el sacrificio del Salvador como el único medio de justificar al pecador y otorgarle el perdón de sus pecados.

primer esquema ilustra la composición del santuario y la ubicación de los muebles en sus correspondientes compartimentos. La segunda gráfica describe las sietes unidades de Apocalipsis y sus respectivos contenidos. De manera particular, el bosquejo de las unidades de Apocalipsis muestra las referencias y alusiones al santuario que Juan empleó en el Apocalipsis.

La Composición del Santaurio

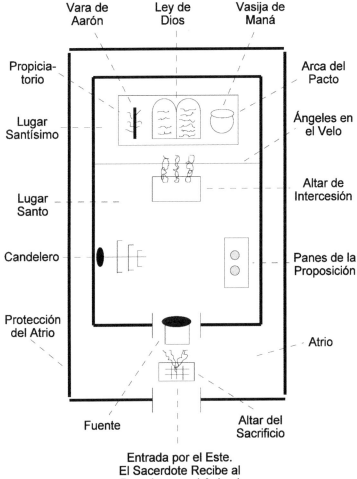

Estructura del Libro de Apocalipsis

Visión de las 7 Iglesias Caps. 1 - 3	Visión de los 7 Sellos Caps. 4:1 - 8:1	Visión de las 7 Tromp. Caps. 8:2 - 11:19	Visión Central Caps. 12 - 14
			Sangre del Cordero (12:11).
		Altar de oro. Incensario de oro y humo que asciende a Dios (8:3-5).	Los mandamientos de Dios (12:17).
	Ve un trono y a uno sentado en él (4:2-4).	Trono de Dios (8:3).	Bestia blasfema el tabernáculo (skene) de Dios (13:6).
Justos son hechos sacerdotes (1:6).	7 lámparas ardiendo. Están en frente del trono (4:5).	4 cuernos del altar de oro (9:13).	Descenso de fuego del cielo (13:13).
Jesús vestido de sumo sacerdote (1:13-16).	Un mar de vidrio. Está delante del trono (4:6). La fuente en el santuario.	Falsa adoración (9:20).	Cordero de Dios sobre monte de Sión (14:1).
Jesús camina en medio de 7 candeleros de oro (1:13).	Un cordero inmolado (5:6, 9, 12-13). Altar de sacrificio en el santuario.	Templo (naos) de Dios, altar, y adoradores (11:1-2).	Juicio de Dios (14:7).

7 candeleros y el árbol de la vida (2:1, 5, 7 cf. Éxodo 25:31-36).	Justos son hechos sacerdotes (5:10).	2 candeleros y 2 olivas (11:4 cf. Éxodo 27:20; Levítico 24:2).	Los mandamientos de Dios (14:12).
Columna en el templo (naos – 3:12 cf. Éxodo 27:9-17).	Espada de sacrificio (6:4).	Se introduce el juicio de Dios (11:18).	Sale un ángel del templo (naos) para vendimiar (14:15-17).
	Una balanza para juzgar (6:5).	Templo de Dios (naos) y el arca del pacto (11:19).	Sale otro ángel del altar de intercesión (14:18).
	Altar (6:9).		
	Templo (naos – 7:15).		
Jesús intercede en el santuario. Hay gracia.	Hay gracia disponible.	A pesar del juicio, todavía hay gracia.	Eventos son decididos en el santuario.

Visión de las 7 Plagas Caps. 15 - 19		
Templo (naos) del tabernáculo (skene) abierto en el cielo. No se ve mueble (15:5-6).	**Visión del Milenio Cap. 20**	
Salen ángeles vestidos como sacerdotes (15:6).	Escena de juicio (20:4, 12-15).	**Visión de la Tierra Nueva Caps. 21 - 22**
Templo (naos) se llena de humo (15:8 cf. Isaías 6:4-5).	Trono de Dios (20:11).	Tabernáculo (skene) de Dios en la tierra (21:3).
Se oye voz del templo (naos – 16:1).		Trono de Dios (21:5).
Se oye voz del altar (16:7).		Esposa del Cordero (21:9).
Se oye voz del templo (naos), del trono (16:17).		No hay templo (naos) en la ciudad (21:22).
Ramera vestida de sumo sacerdote (17:4-5).		Río, trono, y Cordero (22:1, 3).
Lucha contra el Cordero (17:14). Rechazo de la gracia.		Árbol de la vida (22:2, 14).
Juicio sobre impíos (19:2).		

Vestimenta de la esposa del Cordero (19:8).

Cena de las bodas del Cordero (19:9).

No se ven muebles del santuario. Ha terminado la intercesión y la gracia divina. Dios ha juzgado a los poderes que persiguieron a Su pueblo.

No se ve el templo ni sus muebles. Sólo se menciona el juicio y la destrucción de Satanás y de los impíos. Se cerró la puerta de la gracia.

La Nueva Jerusalem es el tabernáculo (skene) de Dios. Lo que Juan no vio en ella fue el templo (naos – Apocalipsis 21:22 cf. 7:15; Isaías 66:22-23). La ciudad también es el Edén restaurado (Apocalipsis 21:18-21, 27; 22:1-5, 14). Moisés construyó el santuario como un reflejo del Edén.

Conclusión

Este breve análisis de como el santuario influye en el pensamiento de los autores Bíblicos revela como muchos libros de la Escritura tienen su fundamento en el santuario. Mientras que algunos autores dedican una buena porción de sus obras para presentar el santuario y sus servicios (e.g. Éxodo, Levítico, Hebreos, y Apocalipsis), otros utilizan un lenguaje litúrgico que es una reminiscencia del santuario para explicar ciertos temas doctrinales y resaltar el ministerio sacerdotal de Cristo en el cielo. Esto significa que el mensaje central de estos libros puede ser mejor entendido a la luz del santuario. Dicho de otra manera, el santuario es la clave para comprender la revelación divina para el pueblo de Dios. El santuario y sus servicios son una exposición dramatizada del plan de salvación y de la solución al problema del pecado.

Por esta razón, después de la muerte de los apóstoles, la iglesia cristiana debió continuar el estudio de este tema tan crucial para la teología Bíblica. A partir del segundo siglo de la era cristiana, los líderes de la iglesia perdieron de vista el ministerio sacerdotal de Cristo en el santuario celestial. Esto se debió a que el diablo introdujo a la iglesia diversas controversias teológicas que los mantuvieron distraídos de su verdadero enfoque. Un buen número de estas controversias tenían como centro la persona y la naturaleza de Jesucristo.[15] Los resultados fueron lamentables. Al tratar de resolver estas controversias, los dirigentes de la iglesia se olvidaron del ministerio sacerdotal de Cristo en el santuario celestial. Esta situación hace necesario que el cristiano tome tiempo para comprender este tema tan importante. A continuación se analizarán dos asuntos sobresalientes en el estudio del santuario: su comienzo en el período pre-israelita y su desarrollo en el sistema israelita.

---

15   Mientras que algunas controversias discutían la eternidad y divinidad de Cristo, otras se enfocaban en la naturaleza humana de Jesús.

— CAPÍTULO II —

LOS ORÍGENES DEL SANTUARIO

La doctrina del santuario encuentra sus orígenes en el período pre-israelita. Durante este tiempo, el libro de Génesis presenta al santuario en su estado rudimentario. Dicho estado toma forma a través de la Biblia y llega a su culminación en el libro de Apocalipsis. Las narrativas de la creación, el Edén, y la caída (Génesis 1-3) ofrecen las bases teológicas para entender el desarrollo de esta hermosa doctrina. Estos fundamentos teológicos son los cimientos sobre los cuales los autores Bíblicos desarrollaron otras grandes doctrinas Bíblicas como la salvación, la justificación por la fe, la gracia y la ley, el Sábado, y el juicio investigador.

La Historia del Jardín del Edén

Los relatos de la creación y del origen del pecado, y más particularmente como estos se describen en la narrativa del jardín del Edén (Génesis 2:4-3:24), contienen imágenes, conceptos, ideas, y términos asociados en el Antiguo Testamento con el santuario que Dios ordenó edificar. Estos elementos son indicios que apuntan al jardín del Edén como un tipo del *verdadero tabernáculo que el Señor asentó, y no hombre* (Hebreos 8:2).

Aunque el huerto del Edén no puede ser considerado propiamente un santuario o templo de la misma manera que lo fue el santuario israelita y el templo de Salomón, el jardín sirve como preludio y comparte características que son comunes a ambos. Por esta razón, la historia del Edén sirve como marco inicial para el estudio de esta doctrina y debe ser entendida a la luz del santuario.

La primera referencia Bíblica acerca del jardín del Edén aparece en Génesis 2:8. En este pasaje, Moisés menciona que Dios había *plantado un huerto en Edén al oriente* de la tierra. El verbo *plantar* viene del Hebreo *nat'a* que también puede significar *transplantar*. El uso de *nat'a* es significativo por varias razones:

- Hace referencia a la colocación geográfica del jardín en la creación.

- Presenta que la existencia del huerto precede a la creación de la tierra. Según la Escritura, el Edén fue el hogar inicial de Lucifer (Ezequiel 28:13-14).[16] Este detalle indica que el Edén se encontraba en el cielo antes de ser *plantado* en la tierra.

- El verbo *nat'a* se emplea principalmente en un contexto agrícola para describir la obra de plantar o transplantar un árbol o cualquier otra planta (Génesis 21:33; Deuteronomio 6:11; Ecclesiastés 2:4-5; Amós 9:14-15).[17]

- En algunos casos, *nat'a* también puede indicar que el objeto plantado es algo *encerrado* o que tiene una estructura (Números 24:5-6; Isaías 61:4; Jeremías 45:4; Ezequiel 17:7-8). Esta idea muestra que, aunque toda la tierra era un paraíso, Dios había reservado, y posiblemente encerrado (cf. Génesis 3:24), el jardín del Edén para que fuera la habitación de Adam y Eva.[18]

---

16 Ezequiel compara el Edén celestial con *el santo monte de Dios* (Ezequiel 28:14 cf. Isaías 14:13). Esto es significativo porque el templo de Dios en la tierra fue construido sobre el monte de Sión (2 Crónicas 3:1 cf. 1 Reyes 8:1; 2 Samuel 5:6-7).

17 En algunas ocasiones, el vocablo *nat'a* es usada para describir el establecimiento de una nación (Éxodo 15:17; 1 Crónicas 17:9; Ezequiel 36:36).

18 Este concepto explica porque Juan vio en visión que el Señor va a colocar la Nueva Jerusalem en la tierra nueva para que sea la habitación de Dios y el lugar de encuentro entre Dios y el hombre (Apocalipsis 21). Esta idea también aclara porque Juan describe a la Nueva Jerusalem como teniendo los mismos elementos que habían en el jardín del Edén (Apocalipsis 21:18-21; 22:1-4).

En la narrativa del Edén (Génesis 2), Moisés describe el jardín y sus componentes con términos que él mismo utiliza más tarde en el santuario israelita y sus servicios. Esta similitud de palabras e ideas parece ser intencional por parte del autor del Pentateuco.

Similitudes de Terminología Entre el Santuario Edénico y el Santuario Israelita

El jardín del Edén ofrece ciertas características particulares que reaparecen en el santuario que Dios ordenó a Moisés construir. Estas similitudes conectan el huerto del Edén con el santuario terrenal y presentan el santuario como una representación física del Edén en la tierra. Ambos sitios sirven como lugares de adoración y encuentro entre Dios y el hombre. A continuación se ofrecen algunas peculiaridades del jardín y sus correspondientes asociaciones con el santuario israelita.

Había una Entrada por el Oriente

La Palabra de Dios declara que el jardín se encontraba ubicado al oriente, en el Edén (Génesis 2:8), y su entrada estaba localizada por el oriente (Génesis 3:24). La ubicación de la entrada al huerto es singular teniendo en cuenta que los autores Bíblicos apuntan al oriente como el lugar de donde viene Dios para encontrarse con el hombre (Ezequiel 43:1-4; Apocalipsis 16:12; 19:11-16 cf. Ezequiel 47:1, 8-9). Por otro lado, la Escritura denota que el alejamiento del oriente implicaba separación de Dios (Génesis 4:19; Ezequiel 11:23).

Este concepto es muy interesante para el estudio del santuario. La razón por la cual Dios ordenó la construcción del santuario fue para morar en medio de Su pueblo (Éxodo 25:8). Ahora el hombre era el que venía a encontrarse con su Creador por el lado oriental del santuario (Éxodo 38:13-15). La localización de la puerta de ingreso al santuario por el oriente tenía el propósito de evitar que el pueblo abandonara a Dios para adorar el sol, dios principal de los cananeos (cf. Ezequiel 8:16).

Río que Fluye del Jardín

La Biblia también registra que del Edén salía un río *para regar el huerto, y de allí se repartía en cuatro ramales* (Génesis 2:10) hacia toda la tierra. El río fluía y se dividía en cuatro torrentes, regando las tierras que estaban a su alrededor. El regadío de estas aguas traían vida a la creación de Dios (Génesis 2:10-14). El río que brotaba del Edén se encontraba representado a través de la fuente que Dios ordenó colocar en el santuario terrenal para que los sacerdotes se purificaran antes de entrar a ministrar (Éxodo 30:17-21). La limpieza de los sacerdotes permitía que ellos entraran al santuario e hicieran posible que el pueblo recibiera las bendiciones de Dios.

Durante el cautiverio Babilonio, en visión, el profeta Ezequiel toma la imagen de las aguas que riegan la tierra y la conecta con el templo que Dios ha de restaurar en la tierra nueva (Salmos 46:4 cf. Ezequiel 47:1-12; Apocalipsis 4:6; 22:1). En la misma visión, Dios le muestra al profeta como las aguas de este afluente salían por la puerta oriental del templo y representaban el poder sanador de Dios y la bendición de la vida que fluye del templo hacia las tierras estériles. De esta forma, a través de Ezequiel, Dios presenta el templo como la fuente de la vida que fertiliza al mundo a través del río y lo restaura a su estado edénico (cf. Joel 3:18; Zacarías 14:8).

El Árbol de la Vida

El árbol de la vida se menciona varias veces en el relato del jardín del Edén (Génesis 2:9; 3:24).[19] Acceso al árbol de la vida sólo era posible en un estado de santidad. Su fruto era una fuente de vida (Génesis 3:22). Cuando la primera pareja fue expulsada del Edén, Adam y Eva quedaron privados de esa fuente (Génesis 3:23-24). Este árbol estaba representado por el candelero de oro que se encontraba en el lugar santo del santuario. El candelero fue hecho en forma de un árbol y sus brazos estaban decorados con frutas y hojas (Éxodo 25:31-36). Por

---

19 De acuerdo a Génesis 2:9, Dios hizo nacer el árbol de la vida en el Edén.

medio del árbol y el candelero, Dios presenta el huerto y el santuario como los lugares en donde se encuentra la vida.

No sólo Dios mandó a hacer el candelero de oro en forma de árbol, sino que también debía de permanecer encendido (Éxodo 25:37; Levítico 24:2-4). El árbol y el fuego (luz) en el candelero ofrecen una combinación única. Esta combinación es significativa porque era un recordatorio de la creación y de la experiencia de Moisés y la zarza ardiente (Éxodo 3:1-4). En el principio, Dios creó luz en el primer y cuarto días. Esta luz sería una bendición continua para Su creación. Por otro lado, la presencia de Dios en medio de la zarza evitaba que ella no se consumiera. Al comparar ambos casos con el artefacto, se puede notar que la continua luz que procedía del candelero le garantizaba al pueblo la presencia y bendición continua de Dios en medio de Sus hijos.

Presencia de Oro y Piedras Preciosas

La historia del Edén también menciona la existencia de oro y piedras preciosas en la *tierra de Havilah* (Génesis 2:11-12). El oro y las piedras engalanaban la creación y mostraban a un Dios que ama la hermosura. Esta belleza también se refleja en el santuario y en los atuendos de los sacerdotes. Los muebles del santuario estaban cubiertos con oro y la vestimenta del sumo sacerdote contenía piedras preciosas (cf. Éxodo 25:13, 18, 24; 25:7; 28:15-21) que representaban las doce tribus de Israel. La única diferencia entre el jardín y el santuario era que el oro y las piedras preciosas en la narración del Edén se encontraban en un territorio ubicado afuera del huerto mientras que las empleadas en la construcción del santuario estaban adentro del inmueble.

Querubines Situados a la Entrada del Edén

Después del pecado y la expulsión de la primera pareja del Edén, Dios colocó querubines a la entrada del jardín y *una espada encendida para guardar el camino del árbol de la vida* (Génesis 3:24). El propósito de estos ángeles era evitar que seres pecadores llegaran a comer del fruto de la vida y tornarse en pecadores perennes (Génesis 3:22). Este acto divino revela que el Edén no era un campo abierto, sino un huerto con muros y una puerta de acceso ubicada al oriente del jardín.

Este modelo se vuelve a reflejar en el santuario hecho por Moisés. Además de tener paredes y una entrada, el santuario también contenía querubines grabados en sus cortinas y en el velo que dividía el lugar santo del santísimo (Éxodo 26:1, 31). En el lugar santísimo, Moisés también colocó dos querubines, uno a cada lado del arca del pacto (Éxodo 25:17-22). Al igual que en el Edén, ellos fueron ubicados allí como siervos de Dios para guardar la entrada a la presencia de Dios, la fuente de la vida eterna. De esta manera, Dios le estaba enseñando a Israel que Su estancia en medio del pueblo era una realidad porque los querubines lo representaban a Él.

El Ser Humano: Adam

El Creador del universo colocó al hombre en el jardín para que *lo labrara y lo guardase* (Génesis 2:15).[20] La tarea de *labrar* y *guardar* destacaba la obra de liderazgo y mayordomía que debía ejercer el ser humano en la creación de Dios. El uso combinado de estos dos verbos hebreos en la frase es muy significativo al comparar los deberes que Dios le había señalado a Aarón y a los levitas en el santuario. Dios ordenó que los levitas fueran colocados en el santuario para que lo *labraran* y lo *guardasen* (Números 3:7-8; 8:26; 18:5-7). Los sacerdotes también debían ser los líderes espirituales de Israel y cuidar el santuario para que nadie lo violase.[21] En ningún otro lado del Antiguo Testamento, aparecen estos dos verbos juntos para describir los deberes de alguna otra persona.

---

20 La expresión *lo labrara y lo guardase* viene del Hebreo *leʼabedah uleshamerah* que significa *lo trabajara y lo cuidase.*

21 Esta perspectiva ayuda a comprender ampliamente los mensajes de los profetas contra los líderes espirituales de Israel. Ellos habían sido situados en el templo para que *lo labraran y lo guardasen*, pero, en su corrupción, ellos lo habían contaminado. Por lo tanto, el templo ya no podía seguir siendo el lugar de reunión entre Dios y Su pueblo.

El Día del Sábado

En Edén, Dios reposa el Sábado para dar ejemplo al hombre (Génesis 2:2-3). El Edén es el sitio de donde emerge el concepto de reposo. Este descanso no está asociado con cansancio físico, sino con la comunión entre dos seres, Dios y el hombre. Por ser creado a imagen y semejanza de Dios, el ser humano no necesitaba un mandamiento para observarlo. El ejemplo del Creador era suficiente.[22] El concepto de reposo y comunión espiritual con Dios también estaba presente en el santuario terrenal. Allí, el pueblo encontraba sosiego espiritual y era instruido a guardar el día del Sábado siguiendo el ejemplo del Creador (Hebreos 4:4, 9-10; Levítico 23:1-3; Deuteronomio 31:9-13). A diferencia del Edén, el Sábado en el santuario se presenta en el contexto y lenguaje de un mandamiento que le recordaba a Israel la lealtad y fidelidad que le debía a su Creador y Redentor (Éxodo 20:8-11; Deuteronomio 5:15).

En resumen, la construcción del santuario reflejando características físicas del Edén es una evidencia parcial del interés divino en mostrarle al ser humano que Él está trabajando para restaurarlo a su estado original. Esta obra es el resultado de la gracia divina, no del mérito humano.

Conexiones Teológicas Entre el Santuario Edénico y el Santuario Israelita

Junto con afinidades terminológicas, las narrativas de la creación, el Edén, y la caída también brindan conexiones teológicas entre el jardín y el santuario. Estas asociaciones sirven de plataforma para la elaboración de grandes doctrinas Bíblicas.

---

22 Por esta razón, Dios no emplea un lenguaje legal para sancionar la observancia del Sábado en el Edén.

Lugar de Reunión de Dios y el Hombre

En el principio, el jardín del Edén era el sitio más importante sobre la tierra. Era el lugar donde Dios y el hombre se encontraban para desarrollar una relación armoniosa. Después del pecado, el ser humano no tenía un lugar fijo de encuentro con el Señor hasta que fue construido el santuario. Por esta razón, tanto el huerto como el santuario podían ser definidos como los sitios de reunión entre Dios y el hombre. La idea de reunión de Dios con el hombre sugiere varias semejanzas entre el jardín del Edén y la composición del santuario israelita. La única diferencia es que las similitudes se encuentran invertidas cuando ambos lugares son comparados:

- El jardín fue creado por Dios mientras que el santuario fue hecho por el hombre.

- El jardín era el sitio donde el hombre vivía y Dios venía a visitarlo. El santuario era el recinto donde Dios vivía y el hombre venía a Su encuentro.[23] Estas diferencias son significativas. Mientras que la primera pareja estuvo en el jardín del Edén, la relación entre Dios y el hombre fue perfecta y armoniosa. Al entrar el pecado, el hombre se aleja de Dios rompiendo la relación armoniosa que existía entre los dos.

A través del santuario, Dios invita al hombre para que venga a Su encuentro y comience a restaurar la relación que existía entre ambos. Aunque el hombre había sido sacado del huerto

---

23 La presencia de Dios en el lugar Santísimo del santuario llegó a ser conocida bajo el nombre de *shekina*. Esta palabra viene de la raíz Hebrea *shachan* que significa *habitar*. Por lo tanto, *shekina* quiere decir *habitación*. El término *shekina* no aparece en la Biblia. La palabra se encuentra en la literatura rabínica del período Interstamental. Note los siguientes ejemplos:

"Cuando diez están reunidos para orar, allí descansa la Shekina" (*Talmud Sanhedrin* 39a); "Cuando tres se sientan como jueces, la Shekina está con ellos" (*Talmud Berachot* 6a); "La Shekina habita sobre la cabecera de la cama de un hombre enfermo" (*Talmud Shabbut* 126); y "Dondequiera que fueran exiliados, la Shekina irá con ellos" (*Megillah* 29a).

del Edén, él podía regresar simbólicamente al Edén por medio del santuario.

- El jardín presenta la relación entre Dios y el hombre en un contexto libre de pecado y muerte. El santuario describe el mismo vínculo, pero en el contexto de un mundo de pecado y muerte.

- Por lo tanto, debido a que el hombre menospreció la habitación que Dios le dio en el principio, el Señor es el que viene a habitar con el hombre (Éxodo 25:8-9). La adoración en el santuario era una invitación a regresar a la armonía edénica que el hombre tenía con Dios. Los israelitas venían al tabernáculo a pedir perdón por sus pecados y a reconocer que ellos necesitaban y deseaban volver al estado edénico. Esta actitud disentía de la manifestada por Adam y Eva cuando pecaron y prefirieron esconderse de Dios (Génesis 3:7-8).

El Juicio Investigador

En el jardín del Edén, Jehová realizó un juicio investigador contra Adam y Eva. Esta idea se desprende del diálogo entre el Creador y Sus criaturas. Las preguntas que Dios les hace son de naturaleza legal porque reflejan una investigación (Génesis 3:9-13). El propósito de la investigación no era para informar a Dios sobre lo sucedido, sino para llamar a cuentas a la pareja por su conducta. La obra investigadora de Dios convierte el Edén en la corte divina donde Él llama al hombre a juicio.

El relato comienza diciendo que la primera pareja escuchó la *voz*[24] de las *pisadas* de Dios y se escondió (Génesis 3:8). Luego, Dios inicia un diálogo con ellos. Esta conversación está compuesta por una pregunta y una respuesta. Esto indica que el Señor está haciendo un juicio investigador en el cual Él es el fiscal.

Durante la narrativa de la caída, en la investigación, es significativo notar que Dios le hizo preguntas a Adam y a Eva, pero nunca se las

---

24 La palabra *voz* viene del Hebreo *qol* que también puede ser traducida por *sonido*.

hizo a la serpiente. Esta omisión parece apuntar a una ausencia de investigación contra la serpiente. La razón se debe a que la serpiente ya había sido juzgada y condenada en el cielo.[25] Por lo tanto, en el Edén, Dios no le realizó un juicio investigador a la serpiente, sino que sólo le dio su condenación.

En todo litigio, el Juez del universo sabe todo lo que ha sucedido. Sin embargo, Dios hace la investigación para que Sus criaturas sepan porque Él toma decisiones y dicta sentencias. Al igual que el Edén, el santuario también sirvió como escenario de la obra divina de decidir los casos de ciertos individuos (Números 17:1-10; Salmos 73:17). La realización de un juicio investigador ha sido un procedimiento que el Señor ha seguido a través de la historia para determinar la suerte de gentes y pueblos (cf. Génesis 4:9-13; Ezequiel 8:1-18; Mateo 13:47-50, Hechos 5:1-11).[26] Durante el proceso, el Señor conversa primero con la persona para que ella entienda lo que hizo y reconozca la falta. Una vez que el individuo ha reconocido, Él le aplica la disciplina. Dios no ejerce disciplina si éste no ha entendido primero porque está siendo castigado. Él realiza este proceso para que luego no lo acusen de injusto.

La intención de Dios es que toda persona en la tierra reconozca que Él es un Dios de amor y justicia. El Señor no va a condenar a alguien eternamente hasta que el individuo no esté completamente convencido de la justicia divina (ver Filipenses 2:9-11).[27] En el juicio final, Dios va a presentar suficiente evidencia para convencer a todas Sus criaturas de Su amor y Su justicia. El objetivo del Señor es que todo

---

25   El juicio y condenación previa de Satanás puede explicar porque el diablo y sus ángeles no fueron incluídos en el plan de salvación.

26   En algunos casos, el Señor ve lo que hacen los hombres y luego dicta sentencia (Génesis 6:5-7, 12-13; 11:5-7). Aparentemente, el acto divino de ver implica una obra de investigación.

27   En Filipenses 2:10, Pablo expresa que aun los que *están debajo de la tierra* confesarán al Señor Jesús. Esta expresión se utilizaba mucho en el primer siglo de la era cristiana para referirse a los demonios. Esto indica que los ángeles, los seres humanos, y los demonios van a confesar al Señor Jesús en el juicio final.

el universo confiese y reconozca que Jesús es la mayor revelación del amor divino concedida al ser humano.[28]

La Gran Controversia Entre el Bien y el Mal

Los relatos de la creación y del Edén destacan la existencia de una gran controversia entre dos fuerzas opuestas: Dios y Satanás. El primer indicio de la existencia de un conflicto se encuentra aludido en el mandato que Dios le dio al hombre después de crearlo. En Génesis 1:26, Dios instruye al hombre para que *señoree* sobre toda la creación. El verbo *señorear* viene del Hebreo *radah*. Este verbo aparece unas veinte y dos veces en el Antiguo Testamento y, generalmente, se refiere al dominio o control humano (Salmos 110:2; Isaías 14:2, 6 cf. Isaías 41:2).

Al reiterar el mandato de ejercer dominio sobre la tierra, el Creador emplea los verbos *señorear* y *sojuzgar* (Génesis 1:28). El verbo *sojuzgar* es la traducción del Hebreo *kabash*. En el Antiguo Testamento, este vocablo ocurre quince veces con todos sus derivados. De estos quince usos, sólo en una ocasión se emplea en el contexto de un mundo sin pecado.

Generalmente, *kabash* significa *hacer servir, si es necesario por la fuerza*. El verbo *kabash* asume que el individuo que está siendo sometido es hostil al que lo somete y que el subyugador debe ejercer algún tipo de coerción para sujetarlo (Números 32:22, 29; Josué 18:1; 1 Crónicas 22:18; 2 Crónicas 28:10; Nehemías 5:5; Jeremías 34:11, 16). En el contexto de Génesis 1:28, *sojuzgar* implica que la creación de Dios va a enfrentar un conflicto por el dominio de ella. Si el primer Adam pierde la batalla, el postrer Adam tendrá que subordinar la creación con Su fortaleza para que ésta pueda volver a responder al dominio humano sin ningún problema.

---

28 Elena White describe como Dios, antes de destruir a los impíos, les presenta un panorama de toda su vida y como ellos rechazaron lo que Él hizo para salvarlos. Esta será la mayor evidencia de la justicia divina que Dios puede brindar al universo. White, *El Conflicto de los Siglos*, 724-730.

La segunda marca que señala la existencia de un conflicto cósmico aparece en la orden que Dios dio concerniente a no comer del árbol prohibido y su respectiva consecuencia (Génesis 2:16-17). Esta prohibición fue colocada para probar la fidelidad, lealtad, y obediencia del ser humano al gobierno de su Creador. ¿Por qué colocar este tipo de prueba en un jardín donde no existe el pecado? Desafortunadamente, en el cielo, ya se había rebelado un hermoso y poderoso querubín que quería usurpar el trono de Dios (Isaías 14:12-14; Ezequiel 28:13-17).

La tercera evidencia que prueba la existencia de una gran controversia se halla en las dos promesas que Dios hace a la primera pareja después de pecar. Dios prometió colocar *enemistad* entre la *mujer* y la *serpiente* y enviar una *simiente* redentora que heriría a la serpiente en la cabeza (Génesis 3:15).[29] Mientras que la primera promesa describe un continuo conflicto en el cual Dios no va a permitir que el diablo tenga control absoluto sobre Su creación, la segunda promesa asegura la victoria final del Salvador contra Satanás.

En el santuario, la existencia de un conflicto cósmico salía a relucir de manera especial en el servicio que se llevaba a cabo en el día de la Expiación. Durante la ceremonia, se seleccionaban dos machos cabríos para representar a Dios y a Satanás (Levítico 16:7-8). El animal que representaba a Jehová era ofrecido en expiación mientras que el que ilustraba a Azazel era enviado al desierto (Levítico 16:9-10, 15-22). La muerte del macho cabrío que simbolizaba al Señor garantizaba la expiación del pueblo, el destierro y muerte del representante de Azazel, y el comienzo de un nuevo año con una nueva relación con Dios. Este ritual anual prefiguraba como el sacrificio de Cristo aseguraba la derrota de Satanás al fin del tiempo y el triunfo final sobre el mal.

El Plan de Redención

En el Edén, Dios se reveló a sí mismo no sólo como Juez, sino también como Redentor. De acuerdo a Génesis 2:17, Adam y Eva merecían morir inmediatamente por su pecado. El Señor dijo

---

29   Estas dos promesas se encuentran ampliadas en la próxima conexión teológica.

claramente que *el día que de él comieras, morirás.*[30] No obstante, algo sucedió que permitió a la primera pareja seguir con vida. En Su gracia y misericordia, Dios les hizo una doble promesa que les brindaría la seguridad de una nueva vida (Génesis 3:15).[31]

En la primera promesa, Dios colocó enemistad entre la mujer y la serpiente. Dios colocó en el corazón del hombre odio contra el pecado de tal manera que aún los más empedernidos pecadores pueden sentir odio contra el mismo pecado que ellos cometan. Dios no abandonó al hombre completamente a la merced del diablo ni tampoco permitiría que el hombre se gozara con el pecado. Todo esto se mantuvo fresco a través del santuario y sus servicios hasta la venida del Mesías.

La segunda promesa consistiría en que la cabeza de la serpiente sería herida por la simiente de la mujer. La herida en la cabeza indica que la simiente obtendría la victoria final sobre el pecado y la muerte. Esta promesa se hizo realidad en Cristo Jesús (Romanos 16:20; Hebreos 2:14; Apocalipsis 12). A Adam y a Eva se les dio la promesa de la redención; se les brindó una nueva oportunidad de disfrutar la vida juntos con el Señor porque el diablo y la muerte serían derrotados por el Redentor.

En Génesis 3:21, Dios ilustra la promesa de salvación dada en Génesis 3:15. El relato dice que *Jehová Dios hizo al hombre y a su mujer túnicas de pieles, y vistiólos.* La desnudez y la vestimenta son temas muy importantes en las narrativas de la creación y la caída del hombre porque introducen dos conceptos teológicos.

El primer concepto está relacionado con la desnudez. Antes de la caída, la desnudez era la condición natural de Adam y Eva (Génesis 2:25). Ellos no tenían necesidad de cubrirse para comunicarse con Dios o el uno con el otro porque eran criaturas creadas en inocencia. Después de la caída, la desnudez se transforma en algo anormal y es presentado como un símbolo de separación de Dios (Génesis 3:7;

---

30 La traducción literal de la sentencia divina es: *el día que de él comieras, muriendo morirás* (*beyom ocalecha mimmenu mot tamut*). La repetición es una forma hebrea de expresar seguridad y certeza.

31 Estas dos promesas fueron también desafíos divinos contra Satanás.

Romanos 3:23). El pecado ha causado que el ser humano ya no pueda acercarse a Dios como antes (Isaías 59:2).

Por lo tanto, un cambio es necesario y éste se encuentra simbolizado en el acto de ser vestidos por Dios. Esta acción se mantuvo viva en el servicio del santuario (Éxodo 28:41-43). Al ser vestidos por Dios, Adam y Eva son sacados de su estado de separación de Dios y se les da la posición de personas que pueden relacionarse nuevamente con el Creador.

El acto divino de vestir a la primera pareja con túnicas de *pieles* es muy significativo dentro de la narrativa de la caída. Este hecho es un claro indicio de que al menos un animal tuvo que morir. La muerte de este animal inevitablemente apunta a una acción sacrificial. El relato de este ofrecimiento divino contiene varias ideas importantes que se encuentran presentes en el sistema de sacrificios de todo el Antiguo Testamento.

- Después del pecado, Adam y Eva debieron morir (Génesis 2:17). Sin embargo, sus vidas fueron preservadas por la muerte de un animal. Por lo tanto, la pena de muerte no recae sobre la primera pareja, sino sobre el animal (cf. 1 Pedro 1:18-20; Apocalipsis 13:8).[32] En el jardín del Edén, al perdonar al hombre, Dios asume la responsabilidad por su pecado.

- La muerte del animal no es un detalle accidental en la historia. Por el contrario, dicha muerte proveyó lo que Adam y Eva necesitaban para poder restaurar su relación con Dios. Así que la muerte de este animal le brinda esperanza y restauración a ellos.

El segundo concepto teológico se encuentra reflejado en el cambio de vestimenta. El acto de haber hecho túnicas de *pieles* y haberlos vestido con ellas sugiere que Dios hizo por la primera pareja lo que ellos no podían hacer por sí mismos. Por su gracia, Dios estaba haciendo posible que ellos pudieran volver a relacionarse con Él y poder vivir en Su presencia. Por este medio, Dios enseña que hay una diferencia entre querer ser justificado por sus propias obras y desear ser justificado por

---

32　Esta idea introduce el concepto del sacrificio sustituidor en favor del hombre.

la fe. Por esta razón, Dios rechazó las túnicas que Adam y Eva habían hecho con hojas de higuera (Génesis 3:7).

En el Antiguo y Nuevo Testamentos, la acción de ser vestido denotaba la entrega de un nuevo estatus o posición social a cierta persona. Note los ejemplos de Aarón (Levítico 8:1-9), el sumo sacerdote Josué (Zacarías 3:1-7), el hijo pródigo (Lucas 15:11-22), y otros más (Mateo 22:11-14; Apocalipsis 3:4-5, 18). En todos estos casos, las vestimentas hacen posible que los individuos se puedan presentar delante del que los vistió sin temor a ser rechazados o avergonzados.[33]

Conclusión

La historia del huerto del Edén provee elementos e ideas muy importantes para la teología del santuario y sus servicios en el sistema de adoración israelita. Tanto las conexiones lingüísticas como el uso de imágenes similares apuntan a una clara asociación entre los dos. La unión se hace aún más fuerte al analizar los conceptos teológicos.

El jardín y el santuario eran el centro de la vida porque el Señor estaba presente en ambos. Estos eran los lugares donde Dios y el ser humano podían encontrarse para tener comunión continua. Es más, el mismo Señor prefigura la naturaleza de la salvación a través de la muerte de un animal sacrificial. Por lo tanto, el santuario israelita apuntaba a la armonía original que había entre Dios y el hombre. A la misma vez, el santuario proyectaba este acorde hacia su total restauración en la tierra nueva.

---

33 Todos estos conceptos pertenecen a la teología del santuario y sus servicios en el Antiguo Testamento.

— CAPÍTULO III —

EL SANTUARIO
EN EL PERÍODO PATRIARCAL

La Historia de los Patriarcas

Durante el período patriarcal, el jardín del Edén había sido removido de la tierra y llevado de regreso al cielo (cf. Apocalipsis 21-22). Tampoco existía un lugar o edificio específico para adorar a Dios. La época patriarcal es un tiempo de transición que puede ser definido como el período entre el Edén y el santuario. Sin jardín y sin santuario, los patriarcas erigían altares y ofrecían sacrificios a Dios donde quiera que ellos iban. Adam había fielmente transmitido a sus descendientes los valores teológicos aprendidos en la corta experiencia que vivió en el Edén. Él también los instruyó concerniente al sistema de sacrificios y ofrendas (cf. Génesis 4:3-4). Las experiencias y actividades de los patriarcas reflejan las enseñanzas del progenitor de la raza humana y son una reminiscencia del huerto del Edén.

Aunque los datos que se tienen sobre el proceso de sacrificios y ofrendas durante el período patriarcal son limitados, el contenido de esta información es muy útil. En ella, se puede detectar e identificar conceptos teológicos y vocabulario técnico que llegan a formar parte del sistema de sacrificios en Israel.

Elementos Usados por los Patriarcas Para
Adorar y Sacrificar a Dios

El sistema de adoración patriarcal era informal. Sin un santuario y un sacerdocio debidamente establecido, los patriarcas emplearon objetos y realizaron actividades propias del sacerdocio. Por medio de estos elementos, ellos procuraron manifestar su fe en Jehová y su deseo de tener un encuentro continuo con Él.

El Uso de Altares

La adoración y el sacrificio son inseparables en el período patriarcal. El lugar de adoración era identificado con la construcción de un altar. Generalmente, Dios expresaba Su agrado por el altar y el sacrificio que en él se ofrecía viniendo al encuentro del patriarca y percibiendo *olor de suavidad* en el holocausto. El primer altar que se menciona en la Biblia fue el que Noé construyó después del diluvio (Génesis 8:20). El holocausto que Noé ofreció fue un acto de agradecimiento a Dios. Resaltó la gracia divina por haberlo preservado del diluvio. Al derramar la sangre de los animales, él reconoció que la vida sólo podía ser posible por medio de la sangre que el Señor derramaría por la raza humana.

La cláusula *olor de suavidad* refleja la aceptación y disposición de Dios a ejercer misericordia hacia la naturaleza pecaminosa del hombre. Abraham (Génesis 12:7-8; 13:18; 22:9), Isaac (Génesis 26:25), y Jacob (Génesis 33:20; 35:3) también edificaron altares para adorar al Señor. Las razones eran similares a las de Noé. Los patriarcas sacrificaban a Dios en agradecimiento por las promesas que Él les había hecho y por la protección que Él les había brindado durante su peregrinar. Sus acciones subrayaban la gracia divina en su favor. La frase técnica que ellos utilizaban para referirse a la adoración a Dios a través de la oración y el sacrificio era *invocar el nombre de Jehová* (Génesis 12:8; 13:4; 21:33; 26:25).

Clases de Ofrendas y Sacrificios

En Génesis, Moisés menciona que durante el tiempo patriarcal se ofrecían a Dios varias clases de presentes y sacrificios. El primer tipo de ofrenda que se brinda al Señor es *minchah* (Génesis 4:3-5). En el Antiguo Testamento, el presente *minchah* se ofrecía de dos maneras.

En Génesis y otros lugares del Antiguo Testamento, la ofrenda *minchah* era un sacrificio que involucraba derramamiento de sangre (ver Jueces 6:18-19; 1 Samuel 2:15-17, 29). El propósito de este ofrecimiento era ganar la buena voluntad de alguien (Génesis 32:13-14, 18-21; 33:10; 43:11, 15, 22-26) y agradar a Dios (Josué 22:23, 29; 1 Reyes 4:20-21; 1 Crónicas 16:29). De manera particular, había un énfasis en agradecer a Dios por la reconciliación que Él había hecho con el individuo o pueblo.

En Levítico, el término *minchah* se aplica a una ofrenda de alimentos que se da en memoria a Jehová (Levítico 2). El presente *minchah* se ofrecía con aceite y levadura, y debía ser en *olor suave a Jehová*. También tenía que ser sazonado con sal símbolo de *la alianza de tu Dios* (Levítico 2:13). Esta ofrenda era un recordatorio del pacto que Dios había hecho con el pueblo de Israel y una invitación a ser fieles al pacto por medio de la expiación y la reconciliación (Levítico 5:13; 6:14-15; 10:12; 23:13, 37).

La primera ocasión que se menciona la ofrenda *minchah* es en la historia de Caín y Abel (Génesis 4:3-5). El relato narra que cada hermano trajo un presente *minchah* al Señor, pero Él sólo aceptó el de Abel. La decisión de Dios se basó en la manera como ambos ofrecimientos fueron realizados. Él rechazó el sacrificio de Caín por ser sin sangre y aceptó el de Abel por incluir derramamiento de sangre. Aparentemente, Caín no trató de agradar y expresar gratitud a Dios por la oportunidad de reconciliación que Él les había otorgado después del pecado de sus padres en el jardín.

La segunda clase de sacrificio se conoce como holocausto (*olah*). El término *olah* se deriva del verbo *alah* que significa *subir* o *ascender*. Esta traducción destaca como el humo del holocausto ascendía a Dios como una petición que el individuo elevaba a Dios en *olor suave a Jehová* (Levítico 1:9, 13, 17). *Olah* fue la forma de sacrificio más común en el sistema de adoración patriarcal (Génesis 8:20-21; 22:2-8, 13). Esta clase de sacrificio consistía principalmente en consumir la víctima totalmente por fuego sobre el altar. En algunas ocasiones, la carne de la víctima era comida por el que la ofrecía o por aquellos que estaban con él.

La tercera forma de sacrificio ocurre cuando la carne del animal era consumida. Cuando esto sucedía, el sacrificio recibía el nombre de *zebach* o *sacrificio de comunión*. Jacob ofreció esta clase de sacrificio al concluir el pacto que realizó con Labán (Génesis 31:54). En este lugar, la presencia del Señor fue invocada para que Él funcionara como testigo del pacto. En otra ocasión, Jacob le ofreció este tipo de sacrificio al Señor como un acto de adoración personal para fortalecer su comunión con Dios (Génesis 46:1). Esta tercera especie de ofrenda servía para robustecer las relaciones entre dos personas teniendo a Dios como testigo o vigorizar la relación entre la persona y Dios.

La cuarta categoría de ofrenda era *nesech* o la ofrenda de *libación*. *Nesech* era un presente líquido que se realizaba con el fin de conmemorar el encuentro de una persona con Dios (Levítico 23:13, 18, 27). Jacob derramó un vino en libación sobre una pila de piedras que él había consagrado con aceite. Él lo hizo para conmemorar su encuentro con el Señor en Bethel (Génesis 35:13-15).

Objetos y Animales de Sacrificio

En sus sacrificios y ofrendas, los patriarcas empleaban ciertos elementos particulares. Los siguientes son algunos de los objetos y víctimas que ellos utilizaban:

- Los frutos de la tierra (Génesis 4:3).
- El primogénito de las ovejas (Génesis 4:4).
- Otros animales como aves limpias y domésticas (Génesis 8:20), corderos (Génesis 22:7-8), y carneros (Génesis 22:13).
- Cuchillo, leña, y fuego (Génesis 22:6-7, 9-10). Estos tres objetos eran usados para sacrificar la víctima. Ellos derramaban la sangre y consumían las carnes del animal en lugar del pecador. Eran instrumentos de juicio que le recordaban a la persona que Dios había tomado su lugar en el plan de salvación.

En cierta ocasión, Dios le pidió a Abraham que trajera una becerra, un carnero, y una cabra, todos de tres años, y una tórtola y un palomino en sacrificio para ratificar el pacto que el Señor había hecho con él (Génesis 15:7-21). Eventualmente, tanto ciertos alimentos y fluidos como víctimas sacrificiales formaron parte de los servicios en el santuario israelita. Igualmente, el cuchillo, la leña, y el fuego fueron objetos indispensables en la inmolación de los animales en los rituales.

La Labor Sacerdotal

En el libro de Génesis, a pesar de realizar funciones sacerdotales, el autor no le aplica el término sacerdote a los patriarcas. En sus actividades religiosas, los patriarcas ofrecieron sacrificios a Dios, intercedieron ante Dios por otros (Génesis 18:22-32; 20:17), y bendijeron personas (Génesis 27:27-29; 28:1; 48:15-16). Prácticamente, ellos fungían como sacerdotes en sus hogares sin ostentar el título de sacerdote.

La primera ocasión que se utiliza el término sacerdote en la Biblia es para referirse a la posición religiosa de Melquisedec (Génesis 14:18). Él era representante del *Dios alto* y, por lo tanto, Abraham le dio *los diezmos de todo* (Génesis 14:20). En su carácter de sacerdote, Melquisedec recibe los diezmos y bendice al patriarca. Aunque él no era patriarca, Melquisedec bendijo al patriarca Abraham.

La Adoración Patriarcal

La adoración que los patriarcas le rendían a Dios era elemental, pero cargada de significado. Su sistema de adoración se centraba en el sacrificio que ellos le ofrecían a Dios. También involucraba la postura del que hacía el sacrificio. La adoración patriarcal no incluía instrumentos musicales, cantos, o danzas.[34] Eventualmente, estos componentes fueron incorporados en el sistema de adoración israelita (Éxodo 15:20-21; 2 Samuel 6:5, 14-15; Salmos 149:1-3; 150:1-6).

El verbo *adorar* viene del Hebreo *hishtachvah* el cual aparece 170 veces en el Antiguo Testamento. El verbo incluye varios significados: *inclinarse* o *agacharse* (respetuosamente), *postrarse a sí mismo, hacer*

---

34   La primera referencia Bíblica al uso de instrumentos musicales aparece en Génesis 4:21. Jubal, hijo de Lamech y descendiente de Caín, fue el creador de los primeros enseres musicales en la tierra.

reverencia, y *doblarse hacía abajo* (en adoración). El uso del verbo revela una gesticulación que expresa la actitud interna del adorador. Al adorar, el individuo se inclinaba con el rostro tocando la tierra. La práctica de agacharse se realizaba hacia una cierta clase de personas (Génesis 33:3, 6-7; 37:10; 42:6; 43:26, 28) como también cuando se adoraba a Dios (Génesis 18:1-3; 19:1; 24:26, 48, 52). El gesto de tocar la tierra con el rostro era una señal de humillación que denotaba la postura de considerarse a sí mismo tierra delante de alguien importante y poderoso, especialmente Dios.

Por lo tanto, cuando los patriarcas adoraban a Dios, ellos se vaciaban de sí mismos por causa del pecado y le atribuían toda la gloria a Dios por estar dispuesto a morir por ellos. Esta misma actitud se reflejó más tarde en el santuario y sus servicios. El pueblo venía a adorar a Dios reconociendo que eran nada y que Él era un Dios misericordioso, maravilloso, y todopoderoso.

Importancia Teológica del Sistema de Sacrificios en la Época Patriarcal

Durante el tiempo patriarcal, no había un santuario donde Dios pudiera habitar y le pudieran ofrendar sacrificios. Los patriarcas eran individuos semi-nómadas que habitaban en lugares específicos por ciertas épocas y luego se mudaban a otros sitios. En su peregrinaje, el Señor también viajaba con ellos (cf. Génesis 28:15; 35:3). De esta manera, Dios también se convierte en peregrino.[35] Ocasionalmente, el Señor se manifestaba a sí mismo en un sitio particular y allí el patriarca edificaba un altar para adorarlo (Génesis 12:7; 26:23-25). Abraham, por ejemplo, edificaba altares en los sitios donde había vivido con su familia por un tiempo para adorar al Señor (Génesis 12:8; 13:3-4, 18).

---

35 Después de ser expulsada la primera pareja, el Señor también dejó el jardín del Edén para encontrarse con Sus escogidos donde quiera que ellos habitasen. Mientras Adam y Eva vivieron en el jardín, Dios vino a su encuentro. Fuera del huerto, Dios viajó con Sus siervos.

Sacrificio de Caín y Abel

Génesis 4 narra que ambos hermanos trajeron una ofrenda a Jehová. Mientras que Caín trajo su ofrenda *del fruto de la tierra* (Génesis 4:3), Abel trajo la suya *de los primogénitos de sus ovejas y de su grosura* (Génesis 4:4). La ofrenda de Caín era especialmente significativa porque no involucraba derramamiento de sangre. Este tipo de ofrenda no mostraba dependencia de Dios, sino en la tierra y en sí mismo.

Por otro lado, en un hecho criminal, aunque Caín no derramó la sangre de una víctima de sacrificio, él estuvo dispuesto a derramar en la tierra la sangre de su propio hermano. Él le dio al Señor el fruto de la tierra y a la tierra la sangre de Abel.[36] En su diálogo con Caín, Dios personifica la tierra que alimentaba a Caín y describe al primer asesino de la historia como alimentando la tierra con la sangre de su propio hermano (Génesis 4:10-11).

El acto de Caín indica que la relación que existía entre Caín y la tierra era casi idolátrica. Pero Dios pone fin a esa conexión idolátrica mostrando que la tierra no tiene poder en sí misma.

- La tierra no puede silenciar la voz de la sangre de Abel que clama por justicia (Génesis 4:10).

- Dios pone control a la fertilidad de la tierra (Génesis 4:12). La tierra nunca más sería el instrumento divino para la preservación de la vida de Caín.

- Caín sería *errante y extranjero en la tierra* (Génesis 4:12). En esta condición, la tierra llegaría a ser hostil para el mismo Caín. Esta situación evitaría que él desarrollara alguna dependencia idolátrica en ella.

---

36 El procedimiento de Caín fue luego repetido por los pueblos paganos en la antigüedad al derramar la sangre de sus hijos en la tierra como un medio de agradar y satisfacer el hambre y la sed de los dioses. Sin embargo, en Salmos 50:5-15, Dios aclara que todo pertenece a Él y que los sacrificios de Israel no eran para satisfacer Su hambre y sed de sangre. Ellos fueron dados como un símbolo del sacrificio del verdadero Cordero de Dios-Cristo. Ellos nunca fueron dados para satisfacer las necesidades físicas de Dios.

La ofrenda que Caín trajo a Dios debió incluir derramamiento de sangre. Al no traer un presente con sangre, Caín le estaba brindando a Dios una ofrenda basada en sus propias convicciones y no como una expresión de su fe en Él (ver Hebreos 11:4; 9:22). Al hacer esto, Caín estaba demostrando que confiaba más en la tierra para la vida que en el sacrificio del Cordero de Dios que quitaría el pecado del mundo.

La ofrenda que trajo Abel ilumina el significado del sacrificio de manera muy especial:

- Cuando se ofrece un sacrificio, era muy importante combinar la actitud correcta con la obediencia.

- Cuando Dios acepta un sacrificio, Él también está aceptando al que lo ofrece. Por lo tanto, el sacrificio servía como instrumento en la preservación de la relación del individuo con Dios. Al aceptar el sacrificio de Abel, Dios le estaba mostrando a Caín que la vida del hombre no depende del fruto de la tierra, sino del sacrificio del Cordero de Dios.

- Por haber ofrecido su sacrificio por fe, Abel estaba mostrando que él confiaba en la gracia salvadora de Dios. Dicha gracia quedaba demostrada con el derramamiento de la sangre del cordero.

Sacrificio de Noé

La ofrenda de Noé es el próximo sacrificio que se menciona en la Biblia (Génesis 8:20). Este sacrificio fue un holocausto ofrecido al Señor después del diluvio. El holocausto fue un acto de adoración en el cual le estaba expresando su gratitud a Dios por haberlos cuidado y salvado del diluvio. Además de ser una acción de adoración, el sacrificio de Noé también incluyó un elemento de expiación porque Dios percibió *olor de suavidad* y decidió no volver a *maldecir la tierra por causa del hombre* (Génesis 8:21).

La frase *olor de suavidad* es bastante significativa porque da a entender que Dios aceptó el holocausto de Noé y de las personas por las cuales se estaba ofreciendo. Al aceptar el presente de Noé, Dios se comprometió a restaurar y preservar la relación entre Él y el hombre. Este compromiso fue confirmado con el pacto que el Señor hizo con todas Sus criaturas (Génesis 9:11-17).

Sacrificio de Abraham

El relato Bíblico de Génesis 22 menciona que en cierta ocasión Dios decidió *probar* a Abraham pidiéndole que ofreciera su hijo en holocausto (Génesis 22:1-2). El propósito de esta prueba era para revelar la naturaleza y la profundidad de la fe de Abraham y su dedicación al Señor. A través de ella, Dios estaba examinando la relación de Abraham con Él. La Palabra de Dios declara que Abraham pasó la prueba (Génesis 22:12), la vida de Isaac fue preservada milagrosamente por Dios (Génesis 22:11), y el examen terminó.

Sin embargo, el relato no finalizó allí porque Dios no anuló el pedido de ofrendar un holocausto. No obstante, en esta ocasión, el Señor hace algo diferente. En lugar de ser Abraham el que provea la víctima, Dios mismo provee un carnero para que fuese ofrecido en lugar de Isaac (Génesis 22:13). De esta manera, el carnero se convierte en el sustituto de Isaac.

Aunque la narrativa del sacrificio de Isaac tiene un fin feliz, uno no puede evitar preguntarse: si Abraham había pasado la prueba, ¿por qué todavía tenía que ofrecer el holocausto? La respuesta se encuentra al analizar el contexto de Génesis 22. El capítulo comienza diciendo: *y aconteció después de estas cosas* (Génesis 22:1). Esta declaración sugiere que el relato de Génesis 22 se encuentra enlazado a otros sucesos anteriores. Existe una conexión particular entre los eventos que se narran en los capítulos 12, 17, y 22.

Génesis 12:1-3 y 17:4-8 describen el pacto que Dios hizo con Abraham y las promesas dadas al patriarca. Esas mismas promesas son repetidas en Génesis 22:17-18. Esto da a entender que la prueba que Dios le hizo a Abraham estaba relacionada con el pacto y, de manera especial, con la naturaleza condicional del pacto. El Señor estaba probando a Abraham para verificar si él estaba cumpliendo con las estipulaciones establecidas en Génesis 12:2 – *sé bendición* – y 17:1

– anda delante de mí, y sé perfecto. ¿Había Abraham cumplido con estas condiciones? Aparentemente, no lo había hecho.[37] A continuación se ofrecen algunas razones para pensar que Abraham no había cumplido con los requisitos del pacto.

Primera, al leer Génesis 12:11-20 y 20:2-6, se encuentra que el patriarca había intencionalmente dicho una media verdad a los Egipcios y a Abimelech, rey de Gerar. En ambos casos, el presentó a Sara como si fuera solamente su hermana (Génesis 12:13, 18-19; 20:2). De manera particular, el engaño de Abraham puso en peligro la vida de Abimelech y de su casa (Génesis 20:3, 7). El Señor se le apareció en sueños al rey y le advirtió que no tomara a Sara por mujer. El rey no sólo cuestionó la integridad de Abraham, sino que también le sobrevinieron dudas acerca de la justicia de Dios (Génesis 20:4-5). A partir de ese momento, Abimelech desconfía de la integridad de Abraham (Génesis 21:22-32).

Lo más impresionante de la historia es que Dios le pide al rey que vaya donde Abraham para que interceda por él y Dios le preserve la vida (Génesis 20:7, 17). Dios utilizó a un engañador como mediador. Pareciera como si el Señor estuviera ignorando la mala conducta de Abraham.

Segunda, en Génesis 21, se encuentran dos elementos que están teológicamente asociados. Primero, se presenta un recordatorio de lo que puede ser considerado como la mayor manifestación de la desconfianza de Abraham en las promesas de Dios. Esta manifestación consistió en querer ayudar a Dios a cumplir la promesa de darle un hijo a través de Agar (ver Génesis 16). Segundo, presenta el cumplimiento de la promesa divina al darle a Isaac a Abraham y Sara.

Las historias de los engaños de Abraham y su desconfianza en las promesas del Señor crean una tensión entre un Dios que condena el pecado (Génesis 20:6-7) y que a la vez protege a Su siervo sin considerar aparentemente sus pecados. Esta tensión es resuelta en Génesis 22. La prueba del patriarca Abraham va a servir para revelar la fe del verdadero Abraham y la actitud de Dios hacia el pecado de Su

---

37 Ver Elena G. de White, *Patriarcas y Profetas* (Mountain View, CA: Pacific Press Publishing Association, 1975), 143.

siervo. Por lo tanto, el sacrificio de Isaac (Génesis 22) vindica a Dios y a Abraham.

El examen de Abraham fue severo debido a sus repercusiones. Dios le estaba retirando la promesa dada y lo estaba regresando al estado de pre-elección. La muerte de Isaac significaría que el patriarca no tendría descendientes ni futuro y, por consiguiente, la promesa de Dios estaría siendo anulada y el pacto estaría llegando a su fin.

La única esperanza de Abraham se encontraba cifrada en la respuesta dada a la pregunta de Isaac: *¿Dónde está el cordero para el holocausto? Y respondió Abraham: Dios se proveerá de cordero para el holocausto, hijo mío* (Génesis 22:7-8). El sacrificio del carnero fue lo que hizo posible que el pacto fuera renovado por Dios (Génesis 22:15-18). Un sustituto murió en lugar de Isaac para que Abraham fuese redimido de su pecado (vea Isaías 29:22).

Conclusión

Los patriarcas conocían varias clases de ofrendas y sacrificios: *minchah*, *olah*, *zebach*, y *nesech*. Estos eran ofrecidos al Señor como una muestra de gratitud, comunión, consagración, y expiación. A través de los sacrificios, los patriarcas podían expresar sus sentimientos religiosos y su constante necesidad del cuidado y la salvación de Dios. De manera particular, los holocaustos eran considerados como un sustituto a través del cual la relación de pacto entre el patriarca y Dios podía ser preservada y así obtener la expiación por el pecado.

Durante el período patriarcal, no hubo un lugar central que los siervos del Señor pudieran llamar santuario y donde ellos pudieran ir a adorarlo. Más bien, el Señor acompañó a los patriarcas en sus peregrinajes. Cada vez que Dios se manifestaba al patriarca o él construía un altar, el sitio era consagrado a Jehová. La función sacerdotal recaía bajo la responsabilidad del patriarca quien, aparentemente, representaba a toda su casa delante del Señor.

— CAPÍTULO IV —

LAS SOLEMNIDADES DE JEHOVÁ

Después del período patriarcal, Dios cumple la promesa hecha a Abraham de ser *una nación grande* (Génesis 12:2). Israel surge en la historia primero como un pueblo esclavo y luego como una nación libre por el poder del Señor. La libertad de Israel convierte al éxodo de Egipto en el evento más significativo de su historia. Este acontecimiento le brindó al pueblo de Dios la oportunidad de servir y adorar a Dios libremente mediante los sacrificios y ofrendas que los patriarcas les habían dejado como legado (Éxodo 7:16; 8:1, 8, 20, 25-29). Una vez que el santuario fue edificado, la herencia patriarcal fue estructurada por medio de servicios especiales. Con el fin de mantener el éxodo fresco en las mentes de las futuras generaciones de israelitas, Dios agregó al ritual del tabernáculo una serie de celebraciones llamadas *solemnidades de Jehová* o sábados ceremoniales. La celebración de estos festivales se convirtió en un componente esencial de la vida religiosa de Israel y de los servicios del santuario que Dios ordenó construir (Éxodo 25:8-9). La razón teológica para la fabricación del santuario, y eventualmente el templo durante la monarquía, fue para que Dios morase en medio de Su pueblo. Por lo tanto, la era israelita se caracteriza por el fin del peregrinaje de Dios con los patriarcas y el establecimiento de la morada terrenal del Señor.

En el Nuevo Testamento, las *solemnidades de Jehová* continuaron siendo observadas por los judíos y los primeros conversos al cristianismo. Por su ascendencia religiosa judía, estos cristianos consideraban que todavía era importante guardar estas fiestas (Hechos 15:1, 5; Gálatas 4:10; Colosenses 2:16). Esta práctica generó contienda y separación en la iglesia cristiana primitiva. Con el fin de resolver este impasse, los apóstoles y líderes de la iglesia fueron citados al Concilio de Jerusalem (Hechos 15). A pesar de los acuerdos y alcances del concilio, la controversia no fue completamente erradicada. En tiempos modernos, la observancia de las *solemnidades de Jehová* ha sido motivo de discusión entre teólogos, pensadores, y líderes de iglesia. De todas las áreas relacionadas con el santuario, el tema de las solemnidades es quizás el que más debate ha generado en la iglesia cristiana, reavivando la controversia de la iglesia primitiva. Con el fin de contribuir a clarificar este asunto, se ofrecerá un breve análisis de los fundamentos teológicos, características distintivas, y propósitos de estas *solemnidades de Jehová*.

Características Distintivas de las Solemnidades de Jehová

Las *solemnidades de Jehová* aparecen enumeradas por primera vez en Levítico 23. En este capítulo, el autor escribió ciertos detalles sobre estas fiestas tales como las fechas cuando debían observarse y la forma como debían guardarse. El Señor proveyó instrucciones adicionales en otros pasajes sobre estas ceremonias que complementan los datos encontrados en Levítico 23 y permiten ver ciertas características que distinguen estas celebraciones del Sábado, séptimo día de la semana.

Comienzan Después del Éxodo

Las *solemnidades de Jehová* fueron dadas por Dios después que Israel salió libre de Egipto. Ellas no formaron parte de la adoración y sacrificios que los patriarcas y cabezas de familia le ofrecieron a Jehová desde Adam hasta el tiempo del éxodo. Por lo tanto, estas fiestas estaban teológicamente relacionadas con el éxodo de Egipto y las bendiciones prometidas en la tierra de Canaán.[38]

---

38 Elena G. de White, *La Educación* (Mountain View, CA: Publicaciones Interamericanas, 1974), 39-40.

Estaban Conectadas con Canaán

Las *solemnidades de Jehová* estaban conectadas con la tierra (Éxodo 12:25; 13:5-8; Levítico 23:10; Números 15:18; Deuteronomio 26:1-4, 9-11) y agricultura de Canaán (Éxodo 23:16; 34:21-22).[39] Según la instrucción divina dada a Moisés, ellas debían guardarse cuando el pueblo de Israel entrara a la tierra prometida. Esta directriz apunta a un propósito teológico que no le permitía al israelita celebrarlas en otras tierras. Por esta razón, durante el cautiverio babilonio, los israelitas no las pudieron observar. Elena White lo explica de la siguiente manera.

Tres veces al año, los Judíos debían de congregarse en Jerusalem con propósitos religiosos. Envuelto en la columna de nube, el Líder invisible de Israel había dado las instrucciones referentes a estas reuniones. Durante el cautiverio de los Judíos, estas no podían ser observadas; pero cuando el pueblo fue restaurado a su propia tierra, la observancia de estos memorables fue una vez más reanudada.[40]

---

39   Elena White declara que estas fiestas sagradas *se relacionaban con todas sus épocas de regocijo nacional y religioso.* Elena G. de White, *Palabras de Vida del Gran Maestro* (Mountain View, CA: Publicaciones Interamericanas, 1971), 173-174. Estas fiestas son identificadas claramente en la siguiente obra: Elena G. de White, *El Ministerio de Curación* (Mountain View, CA: Publicaciones Interamericanas, 1975), 214.

40   Elena G. de White, *El Deseado de Todas las Gentes* (Mountain View, CA: Publicaciones Interamericanas, 1977), 411. Esta cita es una traducción directa de su forma original en Inglés debido a que la interpretación oficial al Español no refleja el significado exacto de las palabras del autor. Para beneficio del lector, incluyo la cita original en Inglés:

"Three times a year the Jews were required to assemble at Jerusalem for religious purposes. Enshrouded in the pillar of cloud, Israel's invisible Leader had given the directions in regard to these gatherings. During the captivity of the Jews, they could not be observed; but when the people were restored to their own land, the observance of these memorials was once more begun." Ellen G. White, *The Desire of Ages* (Boise, ID: Pacific Press Publishing Association, 1940), 447.

Estaban Ligadas con los Sacrificios

Las *solemnidades de Jehová* también estaban ligadas con los sacrificios y ofrendas. Estas solemnidades eran convocadas *para ofrecer ofrenda encendida a Jehová, holocausto y presente, sacrificio y libaciones . . .* (Levítico 23:37). La preposición *para* viene del Hebreo *le* que significa *para, en, con referencia a, de, y por.* Su significado varia de acuerdo a su uso.[41] De manera particular, en Levítico 23:37, la palabra *le* está seguida por el verbo *ofrecer* que se encuentra en modo infinitivo. Cuando *le* es usado con un infinitivo, el vocablo puede indicar *propósito* (Ecclesiastés 3:2-8 - *tiempo para . . .*), *resultado* (Deuteronomio 8:6 - *para caminar . . . y para temer*), *referencia* (Éxodo 8:28 - *para no ir lejos*) o un *objetivo* (Génesis 6:1 - *comenzaron a multiplicar*).[42]

La unión gramatical de la preposición *para* y el verbo en modo infinitivo denota que el concepto de salvación estaba íntimamente asociado a las ceremonias. Por medio de ellas, Dios ensancha y aclara el significado del plan de salvación. Una vez que la redención fuese consumada por Jesús en la cruz del Calvario, la observancia de estas festividades perderían relevancia para el creyente.

Eran Conmemorativas y Tipológicas

Las *solemnidades de Jehová* eran celebraciones conmemorativas y tipológicas.[43] Eran conmemorativas porque una de sus

---

41   R. Laird Harris, ed., *Theological Wordbook of the Old Testament* (Chicago: Moody Press, 1980), 1:463.

42   Ibid.

43   White, *Patriarcas y Profetas*, 281-282, 582-583. White también denomina estas celebraciones *fiestas nacionales.* White, *El Deseado de Todas Las Gentes*, 413. En esta cita, ella también destaca que Jesús, durante Su ministerio, no asistió a ellas todo el tiempo.

funciones era recordarle al pueblo la manera como Él obró para salvarlos por medio del éxodo (Éxodo 12:5-14, 17, 26-27; Levítico 23:42-43).[44] Las fiestas también eran tipológicas porque prefiguraban, ilustraban, y apuntaban a una realidad y cumplimiento superior. Ellas eran profecías dramatizadas que anunciaban el sacrificio de Cristo y el fin del pecado (1 Corintios 5:7-8; 15:20-23; Apocalipsis 14:4; Hechos 2). Pablo las denomina una *sombra de lo porvenir*, pero Cristo es su cumplimiento corporal (Colosenses 2:16-17).

Por medio de ellas, Dios instruía al pueblo en la forma como Él ha tratado con el problema del pecado, como el pecado sería derrotado, y como pondría fin al pecado y a su principal causante, el diablo. Una vez que Cristo vino, murió, y resucitó, el creyente ya no necesita continuar observando estas solemnidades en forma literal. Lo único que necesita hacer es aceptar a Jesús como su Salvador personal y ser bautizado. Inmediatamente, el cristiano es incorporado en el cuerpo de Cristo y llega a ser un vencedor en el conflicto milenario por la gracia y poder del Señor.

Eran Días de Descanso

Las *solemnidades de Jehová* eran fiestas anuales que se celebraban en fechas fijadas y consideradas por Dios como días de descanso. Estas ceremonias eran *santas convocaciones* (Levítico 23:2, 4) en las cuales Dios no permitía que se hicieran otras actividades comunes (Levítico 23:7-8, 21, 25, 28, 30-31, 35-36). El reposo en estas fechas obedecía a la conmemoración del acto salvador de Dios, pasado y futuro, en favor de Sus hijos. Su carácter sagrado le otorgaba la distinción de ser llamadas sábados (Levítico 23:32). No obstante, estas celebraciones diferían del Sábado, séptimo día de la semana,

---

44 La palabra *conmemorar* es un vocablo compuesto. *Con* significa *juntos* y *memorar* indica *recordar*. Por lo tanto, *conmemorar* es recordar algo pasado y significativo.

por tener una naturaleza transitoria, porque se festejaban cada año, y porque eran conmemorativas del éxodo de Egipto (cf. Levítico 23:3, 38).

Las solemnidades tampoco podían ser confundidas con otros rituales que se efectuaban en el santuario como la circuncisión y el sacrificio diario del cordero. Mientras que las fiestas eran anuales y requerían que el pueblo cesara sus actividades normales en el día indicado, los otros ritos se podían llevar a cabo a través del año y no exigían un paro nacional de actividades.

No Están Incluidas en la Expresión
Ordenanzas, Estatutos, y Leyes

Las *solemnidades de Jehová* no parecen formar parte de la expresión hebrea *ordenanzas, estatutos, y leyes*. Esta expresión aparece en el Antiguo Testamento unas diez veces (Génesis 26:5; Levítico 18:4-5; Deuteronomio 4:1, 5; 5:31; 6:1; 7:11; 12:1; Nehemías 9:13; Ezequiel 20:19; Malaquías 4:4). En cada uno de los textos, la frase es mencionada en conexión con la ley de Dios, los diez mandamientos. En algunas ocasiones, la expresión también incluye otras instrucciones divinas. No obstante, en ningún momento, es utilizada para referirse a los sábados ceremoniales. Dios empleó el término *solemnidades* para distinguir estas ceremonias de otras *ordenanzas, estatutos, y leyes* (Levítico 23:2, 4, 37).

No Forman Parte de la Frase
los Tiempos y la Ley

Las *solemnidades de Jehová* tampoco se encuentran incluidas en la frase enunciada por el profeta Daniel: *los tiempos y la ley* (Daniel 7:25). En su libro, Daniel denuncia el levantamiento futuro de un poder que él llama *cuerno pequeño* y que varios eruditos lo han identificado como el sistema papal. Parte de la labor de este cuerno pequeño consistiría en tratar de *mudar los tiempos y la ley* (Daniel 7:25). Algunas versiones modernas de la Biblia han traducido la palabra *ley* en plural (*leyes*) lo cual ha causado que algunos piensen que estas *leyes* incluyen los sábados ceremoniales.

Un breve análisis del texto original permitirá al investigador notar que la palabra *tiempos* se encuentra en plural, mientras que el término *ley* se encuentra en singular. El vocablo *tiempos* viene del lenguaje Arameo *Zimnin* que indica un tiempo que es regular, repetido, indicado, y que es fijo.[45] Este *tiempo* pertenece solamente al *Altísimo* y está intrínsecamente conectado con la palabra *ley*. Por lo tanto, el vocablo *tiempo* parece estar directamente relacionado con la observancia del Sábado, el único mandamiento de la ley de Dios que está asociado con tiempo.

El término *ley* viene del Arameo *dat* y se refiere a un decreto específico de Dios y no a la ley en un término genérico (*torah*).[46] Esto queda demostrado tanto en su uso en el contexto hebreo (Esther 1:8, 13, 15, 19; 3:8; 4:11, 16), como en el arameo (Esdras 7:12, 14, 21, 25-26; Daniel 6:5, 8, 12, 15). Por lo tanto, la expresión *los tiempos y la ley* hace referencia directa a la conexión que existe entre el Sábado y la ley de Dios y como el sistema papal trató de alterarlos a través de la historia.

La conclusión anterior recibe apoyo adicional al analizar la expresión *tiempo, y tiempos, y la mitad de un tiempo* que aparece en Daniel 7:25; 12:7; y Apocalipsis 12:14. Los traductores de los textos Arameo (Daniel 7:25)

---

45 William H. Shea, "Unity of Daniel," *Simposium on Daniel* (Washington, DC: Biblical Research Institute, 1986), 181.

46 Ibid.

y Hebreo (Daniel 12:7) al idioma Griego[47] emplearon ciertos términos que más tarde Juan usó en Apocalipsis 12:14 para referirse al mismo tiempo profético. En todas tres ocasiones, la frase se refiere al mismo tiempo durante el cual el pueblo de Dios fue perseguido por el poder que Daniel llama *cuerno pequeño*. La siguiente tabla ilustra la comparación de la expresión *tiempo, tiempos, y la mitad de un tiempo* con los textos de Daniel y Apocalipsis.[48]

Daniel 7:25	Apocalipsis 12:14-17
1. 3½ tiempos.	1. 3½ tiempos (vers. 14).
2. Persecución del cuerno pequeño.	2. Persecución del dragón (vers. 14-15).
3. Ataque sobre los *tiempos y la ley* del Altísimo.	3. Ataque sobre el pueblo que guarda los *mandamientos de Dios* (vers. 17).

La estrecha correspondencia entre ambos pasajes Bíblicos permite llegar a la siguiente conclusión:

- Los autores Bíblicos emplean la misma terminología para referirse al idéntico período profético.

- En ambos casos, la persecución ocurre durante el mismo tiempo.

- *Los tiempos y la ley* de Daniel 7:25 son identificados por Juan como los *mandamientos de Dios* (Apocalipsis 12:17).

---

47 La traducción del Antiguo Testamento del Hebreo y Arameo al idioma Griego fue completada en el año 132 d.c. y es conocida con el nombre de Septuaginta (LXX).

48 Shea, 182.

Son de Naturaleza Temporal

Según Pablo, las *solemnidades de Jehová* debían ser observadas hasta la venida de la simiente prometida (cf. Gálatas 3:17, 19; 4:9-11). Ellas eran un continuo recordatorio de las promesas que Dios había hecho a los padres (cf. Gálatas 3:16) y servían como *ayo* (*paidagogos*) o *guía de niños* para dirigir al creyente a Cristo (Gálatas 3:24). Al llegar el Salvador, el *ayo* perdió su vigencia y su observancia se tornó innecesaria (Gálatas 3:25). No obstante, la conclusión de Pablo parece ser incongruente con la instrucción divina dada a Moisés. En repetidas ocasiones, Dios estipuló que las fiestas debían ser celebradas por *estatuto perpetuo* (Levítico 23:14, 21, 31, 41). Esta frase ha sido el principal elemento que ha generado discusión concerniente a su validez actual.

La palabra *perpetuo* de esta sentencia pareciera dar a entender que las *solemnidades* todavía están en vigor. ¿Será que en la Biblia el vocablo *perpetuo* denota un período de tiempo ilimitado? En las Escrituras, las palabras *perpetuo, eterno, sempiterno, para siempre,* y *por los siglos de los siglos* son sinónimos traducidos de los mismos dos términos: Hebreo *olam* y Griego *aion.* Generalmente, la Septuaginta traduce la palabra *olam* por *aion,* manteniendo esencialmente el mismo significado.[49]

Los autores del Antiguo Testamento emplearon el término *olam* más de 450 veces. Su significado primario destaca la duración de la vida del ser humano (Éxodo 19:19; 21:6; 29:9; Deuteronomio 15:17; 1 Samuel 1:22; 13:13; 27:12).[50] En cada una de estas referencias, no sólo la palabra *olam* se extiende a través de la vida del individuo, sino que también se encuentra limitada por ella. Este concepto también se aplica tanto a generaciones (Éxodo 32:13; 40:15; Salmos 18:50; 1 Samuel 2:30 cf. 1 Samuel 3:13-14) como a toda una nación (Josué 4:7; Jueces 2:1; 2 Samuel 7:13, 16, 29; 1 Reyes 9:3, 5). Al igual que sucedía con personas

---

49   Harris, 2:673; Francis D. Nichol, ed., *Comentario Bíblico Adventista del Séptimo Día* (Mountain View, CA: Publicaciones Interamericanas, 1978), 1:624; y J. Guhrt, "Time," *The New International Dictionary of New Testament Theology* (Grand Rapids, MI: Zondervan Publishing House, 1978), 3:827.

50   Guhrt, 3:827.

individuales, también las declaraciones hechas a las generaciones o a la nación llegaban a su fin con la desaparición de las mismas.[51]

Por lo menos en unas veinte veces, los escritores Bíblicos utilizan la palabra *olam* para referirse a una época en el pasado (Génesis 6:4; Deuteronomio 32:7; Job 22:15; Proverbios 22:28; 23:10; Isaías 51:9; 58:12; 61:4; 63:9, 11; Jeremías 6:16; 18:15; 28:8; Miqueas 7:14; Malaquías 3:4; Esdras 4:15, 19; 1 Samuel 27:8; Ezequiel 36:2).[52] En el Antiguo Testamento, el término *olam* siempre mantiene su relación de tiempo con la vida del individuo o institución. Debido a que la vida humana después del pecado es limitada (cf. Génesis 6:3), no hay base para que se le adjudique una duración sin fin.

El caso de Dios es diferente. Por cuanto su vida es ilimitada, todo lo relacionado con Él no tiene principio ni fin (Génesis 21:33; Salmos 90:2; Isaías 9:6-7; 40:28; Jeremías 10:10).[53] Por lo tanto, "no se justifica leer en la palabra hebrea olam más de lo que implica el contexto."[54]

En el Nuevo Testamento, la palabra *aion* ocurre más de 100 veces con distintas acepciones. Note a continuación los siguientes significados de *aion*:

- Una *edad, época, y era*. De manera especial, el evangelio de Mateo hace referencia al fin de este mundo (Mateo 13:39; 28:20). Por lo tanto, en este contexto, el uso de *aion* destaca la duración de este mundo. El uso de la forma plural (1 Corintios 10:11; Hebreos 9:26) indica que el mundo lleva su curso en una serie de edades sucesivas.[55]

- El *mundo* (Mateo 13:22; Marcos 4:19; 1 Corintios 1:20; 2:6; 3:19; 7:33; 1 Timoteo 6:17). Su forma plural puede apuntar a la existencia de varios *mundos* (Hebreos 1:2; 11:3).

---

51 Ibid., 3:828.

52 Harris, 2:672. En Jonás 2:7, *olam* se refiere sólo a un corto período de tres días. En este caso, *olam* tuvo un comienzo y un fin definido.

53 Guhrt, 3:828; y Nichol, 1:624.

54 Nichol, 1:624.

55 Guhrt, 3:829; y Geoffrey W. Bromiley, *Theological Dictionary of the New Testament* (Grand Rapids, MI: William B. Eerdmans Publishing Company, 1985), 32.

- Un contraste entre el tiempo presente y el venidero (Mateo 12:32; Marcos 10:30; Lucas 16:8; Romanos 12:2; Gálatas 1:4; Efesios 1:21; Hebreos 6:5).[56]

- La palabra *aion* conserva el uso Hebreo de *olam* para referirse a un período en el pasado (Lucas 1:70; Juan 9:32; Hechos 3:21).

- El término *aion* también mantiene el significado Hebreo de un tiempo que está unido a la duración de aquello a lo que se refiere. En el caso de elementos o personas, la palabra indica un futuro limitado por el tiempo (Mateo 21:19; Marcos 3:29; Lucas 1:55; Juan 13:8; 14:16; 1 Corintios 8:13; Judas 6, 13). Cuando los textos están relacionados con Dios, *aion* señala un tiempo indefinido (Juan 4:14; 6:51, 58; 8:35, 51-52; 10:28; 11:26; 12:34; Romanos 16:26; 1 Timoteo 1:17; 1 Juan 2:17; 5:11; 2 Juan 2), incluyendo los resultados de Su juicio final (Mateo 18:8; 25:41, 46: Marcos 3:29; 2 Tesalonicenses 1:9; Hebreos 6:2; Judas 7).

  El principio expuesto en esta acepción del vocablo *aion* también es aplicable al uso de la formula singular *aion aionos* (*para siempre jamás* – Hebreos 1:8; 13:21; 1 Pedro 4:11; Apocalipsis 20:10). Su duración también está determinada por la persona u objecto al cual apunta. Hay algunos casos en los que los escritores Bíblicos emplearon la forma plural *aionas* en conexión con Dios. Por ser Dios eterno, estos pasajes hacen referencia a tiempo sin fin (Lucas 1:33; Romanos 1:25; 11:36; Hebreos 13:8; Judas 25).[57]

En conclusión, el uso de *olam*, en conexión con las *solemnidades de Jehová*, se refiere a un tiempo pasajero. Su observancia literal anual llegó a su fin cuando su significado tipológico encontró su cumplimiento en el sacrificio de Cristo y en el rechazo de Israel como el pueblo escogido de Dios. La siguiente declaración confirma esta conclusión:

---

56 Bromiley, 32.

57 Guhrt, 3:830.

No se justifica en absoluto el tratar de determinar la longitud de tiempo implicada, o de asignar a la persona o cosa descrita la propiedad de continuar interminablemente, teniendo como base olam o aion. En cada caso, la duración de olam o aion depende exclusivamente del contexto en que se usen, y de un modo especial debe considerarse la naturaleza de la persona o cosa a que se aplique la palabra.[58]

Alcance Teológico de las Características Distintivas

Las características distintivas discutidas en esta sección revelan inequívocamente el carácter temporal de las *solemnidades de Jehová*. En Cristo y Su sacrificio en la cruz, todas estas fiestas encontraron su realidad y cumplimiento primario. El tipo se encontró con el Antitipo[59] (cf. Mateo 27:51; Efesios 2:14-15).[60] Muchos judíos piadosos y sacerdotes que estuvieron presentes para celebrar la Pascua durante el fin de semana de la crucifixión del Señor fueron movidos a escudriñar las Escrituras. Ellos "no tenían conciencia que las figuras hubiesen encontrado la realidad que prefiguraban, de que un sacrificio infinito había sido hecho por los pecados del mundo. No sabían que ya no tenían más valor el cumplimiento de los ritos ceremoniales."[61]

Pero una vez que ellos pudieron entender que todo el sistema de ceremonias encontró su cumplimiento en Jesús, "no volvieron nunca a tomar parte en los ritos pascuales."[62] La ley de los tipos y las

---

58   Nichol, 1:625.

59   *Tipo* y *antitipo* son dos términos teológicos empleados para contrastar dos realidades Bíblicas. Mientras que la palabra *tipo* se refiere al símbolo o sombra que prefiguraba a una realidad mayor, el *antitipo* apunta a la realidad o cumplimiento del símbolo. En el caso de las *solemnidades*, las ceremonias eran el *tipo* que señalaban a Cristo, su cumplimiento final.

60   Elena G. de White, *Primeros Escritos* (Mountain View, CA: Publicaciones Interamericanas, 1979), 209, 253, 259.

61   White, *El Deseado de Todas las Gentes*, 720.

62   Ibid., 721.

sombras había llegado a su culminación con la muerte del Salvador del mundo.[63] Esto incluía las *solemnidades de Jehová* debido a que ellas también tipificaban la obra ministerial y redentora de Jesús en favor del ser humano. ¿Por qué entonces los apóstoles procuraban estar en Jerusalem y asistir a estas fiestas cada vez que tenían la oportunidad? La razón era netamente evangelística. Muchos judíos viajaban de diversas partes del mundo a Jerusalem para celebrar las festividades. Una vez evangelizadas, estas personas podían llevar el mensaje de salvación a sus diferentes territorios.[64]

De manera particular, en varias ocasiones, Pablo expresó su anhelo de celebrar algunas solemnidades en Jerusalem. En cierta ocasión, el apóstol tuvo el deseo de permanecer en Efeso hasta el Pentecostés (1 Corintios 16:8). El advirtió que se le había abierto una puerta *grande y eficaz* (1 Corintios 16:9) para predicar el evangelio. "Pronto, sin embargo, se produjo un suceso que apresuró su partida" (Hechos 19:21-40; 20:1).[65] El deseo que Pablo tenía de permanecer en Efeso hasta el Pentecostés no obedecía al deber de observar la ceremonia, sino al notar que "la causa en Efeso demandaba todavía su presencia."[66] Además, la observancia de esta festividad sólo se podía realizar en el templo de Jerusalem.

En otro tiempo, Pablo pasó *los días de los panes sin levadura* en Filipos (Hechos 20:4-6). Dos detalles resaltan de este evento. Primero, la fiesta debía celebrarse en Jerusalem y él estaba en Filipos. Segundo,

---

63   Ver White, *Patriarcas y Profetas*, 380-381, 383, 581; idem, *El Deseado de Todas las Gentes*, 608; idem, *Mensajes Selectos* (Mountain View, CA: Publicaciones Interamericanas, 1977), 1:271-272, 279-281, 403; idem, *Sketches from the Life of Paul* (Hagerstown, MD: Review and Herald Publishing Association, 1974), 63-65, 68-69, 71; idem, *Fundamentals of Christian Education* (Nashville: Southern Publishing Association, 1923), 398-399.

64   Elena G. de White, *Los Hechos de los Apóstoles* (Mountain View, CA: Publicaciones Interamericanas, 1977), 133-134, 410; idem, *El Deseado de Todas las Gentes*, 24; idem, *La Historia de la Redención* (Buenos Aires: Asociación Casa Editora Suramericana, 1981), 316-317; idem, *Testimonies for the Church*, tomo 6 (Mountain View, CA: Pacific Press Publishing Association, 1948), 39.

65   White, *Hechos de los Apóstoles*, 236.

66   Ibid.

los discípulos que acompañaban a Pablo no guardaron la fiesta con el apóstol debido a que ellos decidieron seguir su viaje hasta Troas para esperarlo allá. Este par de detalles indican claramente que las fiestas no eran obligatorias para la iglesia cristiana y que tampoco eran guardadas por los cristianos, especialmente los de origen gentil.

En una tercera oportunidad, Pablo quiso estar en Jerusalem para el día del Pentecostés (Hechos 18:21; 20:16). Elena White brinda tres razones:

- Para poder encontrarse con sus compatriotas incrédulos y darles la luz del evangelio.[67]

- Para encontrarse con la iglesia de Jerusalem y entregar las ofrendas enviadas por las iglesias gentiles a los hermanos pobres de Judea.

- Para solidificar más la unión entre los cristianos judíos y gentiles.[68]

Desafortunadamente, el énfasis misionero que Pablo y otros apóstoles le dieron a las festividades judías no rindieron todos los frutos deseados. Un número de judíos convertidos al cristianismo decidieron mantener sus peculiaridades nacionales y ceremonias como esenciales para la salvación. Con el fin de acentuar sus creencias y prácticas entre los gentiles, ellos iban por las iglesias enseñando que debían circuncidarse y guardar la ley de Moisés (Hechos 15:1, 5).[69]

Iglesias enteras, como las de los Gálatas, fueron afectadas y desviadas por esta nueva corriente teológica. Dentro del cuerpo de los apóstoles, hubo quienes no pudieron evitar la influencia de estas ideas y con su comportamiento constreñían a los cristianos gentiles

---

67 Pablo aprovechaba estas ocasiones especiales para evangelizar a sus conciudadanos empleando el principio de ser judío a los judíos (1 Corintios 9:20-22).

68 White, *Hechos de los Apóstoles*, 312. La intención inicial de Pablo era celebrar la Pascua en Jerusalem. Pero, debido a un complot contra su vida, el apóstol decidió viajar por Macedonia y llegar a Jerusalem para el Pentecostés. Ver ibid., 313.

69 White, *Sketches from the Life of Paul*, 64-65.

a *judaizar* (Gálatas 2:11-14).[70] Los resultados no se hicieron esperar y una pared de separación entre judíos y gentiles se creó (cf. Efesios 2:14-16). Esta crisis Bíblica que amenazaba con destruir la iglesia del Señor motivó a sus líderes a realizar un concilio general en Jerusalem (Hechos 15:2).

Dirigidos por el Espíritu Santo, los apóstoles del Señor concluyeron que los gentiles no debían ser forzados a observar ceremonias que habían alcanzado su cumplimiento cardinal en Cristo Jesús (Hechos 15:19-20, 28-29). La decisión del concilio estableció un principio muy valioso para la fe y práctica de la iglesia cristiana que enfrentaría los embates de la gran controversia entre el bien y el mal hasta la segunda venida de Cristo Jesús. Las fiestas que por tantos siglos habían prefigurado e ilustrado la obra redentora de Jesús habían alcanzado su cumplimiento y no había que guardarlas más.

Importancia Teológica de las Solemnidades de Jehová

A pesar de su naturaleza provisional, las *solemnidades de Jehová* todavía sostienen su trascendencia teológica para la iglesia cristiana en este tiempo del fin. Su cumplimiento no elimina la necesidad de estudiarlas y entender su significado. De una forma dramatizada, ellas ilustran el sacrificio de Cristo, Su ministerio sacerdotal en el santuario celestial en favor de Su pueblo, y la manera como Dios finalmente pondrá fin al conflicto entre Cristo y Satanás. Una comprensión más clara de estas celebraciones ayudará a todo creyente a comprender la obra que Jesús realiza en el cielo y el rol que debe desempeñar en esta época para avanzar la proclamación del evangelio.

---

70   Al enfrentar la crisis teológica en la iglesia, Pablo relaciona el acto de *judaizar* con *las obras de la ley* (Gálatas 2:16) y *los rudimentos del mundo* (Gálatas 4:9-11). Ambas expresiones incluyen la observancia innecesaria de los sábados ceremoniales.

La Pascua

La Pascua fue la primera solemnidad que Dios instituyó cuando Israel estaba por salir libre de Egipto (Éxodo 12). Se debía celebrar *en el mes primero, a los catorce del mes, entre las dos tardes . . .* (Levítico 23:5). La Pascua marcó el principio de una nueva vida para Israel (Éxodo 12:1-2). Esta nueva vida fue hecha posible por la liberación a través de la sangre del cordero (Éxodo 13:4; Deuteronomio 16:1). Por esta razón, el mes de Abib (Marzo-Abril) fue colocado como el *principio de los meses* en el calendario hebreo. Fue el mes cuando Israel comenzó una nueva vida bajo la dirección de Dios.

De acuerdo a la instrucción divina, la Pascua debía ser comida *apresuradamente* porque Dios traería *juicios en todos los dioses de Egipto* (Éxodo 12:11-12). De esta manera, la Pascua sería un continuo recordatorio de los juicios de Dios sobre los dioses de Egipto. Estos juicios serían posibles por la sangre del cordero pascual (cf. Éxodo 12:13). Ninguno que hubiera quedado *inmundo por causa de muerto* podía comer la Pascua en la fecha indicada (Números 9:6-7). Primero debían purificarse y luego esperar hasta el mes siguiente para comerla (Números 9:10-11). Al momento de comer la Pascua, el israelita tenía que ejercer cuidado de no quebrar ningún hueso del cordero (Números 9:12).

Desafortunadamente, la influencia de las prácticas paganas adoptadas por algunos reyes de Israel causaron que el pueblo perdiera de vista el significado de la Pascua y abandonara su observancia por varios siglos. Durante las reformas religiosas realizadas por el rey Josías, el libro de la ley fue descubierto (2 Reyes 22:8-11) y la observancia de la Pascua fue reanudada en Jerusalem (2 Reyes 23:21-22).

En el Nuevo Testamento, los autores presentaron a Jesús como el cumplimiento de la Pascua y de la fiesta de los Panes Ázimos (Mateo 26:17-29). Según Pablo, la Pascua era un tipo del sacrificio de Cristo en la cruz del Calvario y de Su éxodo de Jerusalem (1 Corintios 5:7). Lucas amplia la conexión tipológica que hace Pablo y describe el sacrificio de Cristo con el lenguaje del éxodo (cf. Lucas 9:30-31). Dos elementos hacen que estas asociaciones teológicas sean muy valiosas.

Primero, cada vez que el cristiano celebra la cena del Señor, éste está simbólicamente participando en la celebración de la Pascua y de los Panes Ázimos. Segundo, el éxodo de Israel de Egipto y el éxodo de Cristo de Jerusalem sirven como un tipo del éxodo que realizará el pueblo de Dios al final del tiempo.

Otro detalle que une la Pascua con el sacrificio de Jesús involucra el tiempo en que se realizaba. Según la Palabra de Dios, la Pascua debía sacrificarse alrededor de la puesta del sol porque esta fue la hora cuando el pueblo de Israel salió libre de Egipto (Éxodo 12:6 cf. Levítico 23:5; Deuteronomio 16:6). De igual manera, el sacrificio de Jesús ocurrió después de la puesta del sol. De acuerdo a Mateo, *desde la hora sexta fueron tinieblas sobre toda la tierra hasta la hora de nona* (Mateo 27:45 cf. Lucas 23:45) y a la hora nona Jesús dio el espíritu (Mateo 27:46-50). Un detalle final que enlaza la Pascua con el sacrificio del Señor abarca los eventos que acaecieron tan pronto Jesús murió: *el velo del templo se rompió en dos, de alto a bajo: y la tierra tembló, y las piedras se hendieron; y abriéronse los sepulcros* de muchos santos (Mateo 27:51-52). Pareciera como que la muerte de Cristo y los sucesos que le siguieron interrumpieron el sacrificio del cordero pascual. Ya no había más necesidad de sacrificio animal porque el verdadero Cordero de Dios que quita el pecado del mundo había sido sacrificado por la humanidad.

Los Panes Ázimos

La segunda solemnidad que Dios estableció en el Antiguo Testamento fue la de los Panes Ázimos o Panes sin Levadura. Al igual que la Pascua, esta fiesta también fue instaurada cuando Israel estaba por salir libre de Egipto.[71] Los Panes Ázimos debían de ser consumidos junto con la carne del cordero pascual (Éxodo 12:8-17; Deuteronomio 16:1-3). La razón teológica es la misma que se da para

---

71 Existen algunas similitudes importantes entre la Pascua y los Panes Ázimos.
- Ambos debían ser comidos juntos.
- Ambos eran un recordatorio del éxodo de Egipto.
- Ambos apuntaban al sacrificio del Mesías.

la Pascua: Dios estaba trayendo *juicios en todos los dioses de Egipto* (Éxodo 12:12).

La fiesta de los Panes Ázimos debía celebrarse como un recordatorio del éxodo de Egipto (Éxodo 13:3-10). La solemnidad se conmemoraba el quince del mes de Abib y debía ser festejada por siete días (Levítico 23:6-8). El pan que se servía tenía que estar limpio de cualquier partícula de levadura (Deuteronomio 16:3-4). Pablo interpreta que la levadura era un símbolo de aflicción y de pecado (1 Corintios 5:6-8). Por lo tanto, este pan se convertía en un *pan de aflicción*. A través de esta ceremonia, Israel recordaría el día de la liberación de la aflicción y la esclavitud egipcia para servir al verdadero Dios.

En el Nuevo Testamento, mientras Jesús celebraba la Pascua y los Panes Ázimos con Sus discípulos, Él tomó el pan sin levadura y lo introdujo como un símbolo de Su cuerpo (Mateo 26:26).[72] De esta manera, el Salvador se presenta a sí mismo como el pan ázimo que sería sacrificado por toda la humanidad (ver 1 Corintios 11:23-24).[73] En esta misma celebración, Jesucristo establece la cena del Señor. Mientras que el pan toma el lugar de los Panes sin Levadura, el vino reemplaza el derramamiento de la sangre del cordero pascual. De ahora en adelante, la cena del Señor conmemoraría el sacrificio de Cristo (1 Corintios 11:26), y proclamaría que la mejor liberación está por acontecer y que el fin de la gran controversia que tanto ha afectado a la raza humana se acerca. Muy pronto el pueblo de Dios será libre de las aflicciones causadas por Satanás.[74] Mientras llega la liberación del pueblo de Dios, la fiesta de los Panes Ázimos es una invitación a vivir

---

72 En los Evangelios, la traición de Judas precede la presentación del pan sin levadura como un símbolo del cuerpo sin pecado de Jesús (Mateo 26:19-25; Marcos 14:18-21; Juan 13:18-26). El acto pecaminoso de Judas es contrastado con el acto salvador de Cristo.

73 Siglos antes de que Jesús fuera sacrificado, el profeta Isaías ya había hecho la aplicación cristológica de la Pascua y los Panes Ázimos:
   • Él sufrió los dolores y aflicciones del pecador (Isaías 53:4-5).
   • Él fue sacrificado como un cordero (Isaías 53:6-7).

74 Este concepto debe motivar a los hijos de Dios a participar en el servicio de comunión y procurar no ausentarse el día que se celebre.

vidas puras sin malicia ni maldad, *sino en ázimos de sinceridad y de verdad* (1 Corintios 5:8).

Los Primeros Frutos

Los Primeros Frutos es la tercera solemnidad que Dios estableció en Israel. Esta celebración también era conocida como la fiesta de la Siega y estaba conectada con la fiesta de la Cosecha al fin del año (Éxodo 23:16). La solemnidad de los Primeros Frutos era una promesa de que Dios bendeciría el trabajo de la tierra con una abundante cosecha al fin del año. A través de esta fiesta, cada año, el pueblo de Israel debía recordar el cumplimiento de la promesa divina de haberles dado la tierra prometida, una tierra que fluye leche y miel (Deuteronomio 26:1-15). En Egipto, la tierra no era promisoria. Pero en Canaán, Israel tendría abundancia de frutos. Por esta razón, la solemnidad de los Primeros Frutos debía ser celebrada cuando Israel ocupara la tierra prometida (Levítico 23:9-10; Deuteronomio 26:1-2). Según la instrucción divina, los Primeros Frutos debían celebrarse al día siguiente de los Panes Ázimos o sea el día 16 de Abib (Levítico 23:11).

Al igual que las ceremonias anteriores, los Primeros Frutos también tienen su aplicación espiritual en el Nuevo Testamento (1 Corintios 15:20-23). Para Pablo, Cristo es el cumplimiento de esta fiesta. Él representa los Primeros Frutos de aquellos que han dormido y que serán levantados a Su segunda venida en gloria y majestad (1 Corintios 15:20, 23). De acuerdo al apóstol, cuando Jesús resucitó de los muertos y ascendió al cielo, Él tomó consigo los Primeros Frutos de Su labor (Efesios 4:7-10 cf. Mateo 27:50-53) y los presentó al Padre como una garantía de que al fin del tiempo habría una mayor cosecha de redimidos. De esta manera, esta fiesta era un símbolo y una promesa de la gran resurrección que habría de acontecer a la segunda venida de Cristo.

Pero la solemnidad de los Primeros Frutos no sólo apuntaba a los redimidos resucitados. Santiago presenta a todo aquel que ha creído y aceptado al Señor como las primicias de Sus criaturas (Santiago 1:18). En el Apocalipsis, Juan introduce a la última generación de santos, los 144,000, que han de vivir previo a la venida del Señor Jesús como los Primeros Frutos de la tierra (Apocalipsis 14:4). Por consiguiente, tanto los resucitados por Cristo como los que se encuentren vivos a Su venida formarán parte de la gran cosecha final. Ambos grupos de redimidos serán trasladados al reino de los cielos victoriosos del gran conflicto cósmico entre el bien y el mal.

Este corto estudio sobre las tres primeras *solemnidades de Jehová* arroja las siguientes conclusiones. El apóstol Pablo es el principal autor del Nuevo Testamento que presenta a Cristo como el cumplimiento de la Pascua, los Panes Ázimos, y los Primeros Frutos. Este concepto es muy valioso porque indica que los eventos realizados el fin de semana de la muerte, sepultura, y resurrección de Jesús ocurrieron en consumación de estas ceremonias. La interpretación paulina también es importante porque expone a Cristo como el centro de ellas y como Aquel en quien se cifraban todas las esperanzas y anhelos de los hijos de Israel. Una vez que Cristo vino y efectuó Su sacrificio, la iglesia del Señor no necesitaba continuar observando estas fiestas.

El Pentecostés

La cuarta solemnidad erigida por el Señor fue la del Pentecostés.[75] Aunque esta fiesta ha ocupado un lugar muy importante en la historia de la iglesia cristiana, desafortunadamente la Palabra de Dios no brinda abundante información acerca de ella. Los siguientes datos ayudarán a conocer un poco mejor el Pentecostés. En el Antiguo Testamento, esta solemnidad era conocida como la fiesta de las Semanas. Se celebraba cincuenta días después de cumplirse la festividad de los Primeros Frutos, o sea después del día 16 de Abib (Levítico 23:15-16). De manera específica, el inicio de la fiesta se realizaba siete semanas después de *que se comenzare la hoz en las mieses* (Deuteronomio 16:9-11). De esta forma, la solemnidad estaba conectada con la cosecha que Dios le daría a Su pueblo, especialmente al fin del año (Levítico 23:22). Para llevar a cabo esta ceremonia, el pueblo debía traer ofrendas especiales y sacrificios al templo del Señor (Levítico 23:17-

---

75   En Griego, la palabra *Pentecostés* (*pentekostes*) significa *cincuenta*.

20). Como resultado de las ofrendas y sacrificios, Dios bendecía y prosperaba a Su pueblo.

En el Nuevo Testamento, la solemnidad de las Semanas o Pentecostés recibe un lugar cardinal en el ministerio de la iglesia cristiana a partir del derramamiento del Espíritu Santo en forma de lenguas de fuego (Hechos 2:1-4). Este evento ocurrió unos días después de que Jesús se mostrara a Sus discípulos por cuarenta días, les prometiese el envío del Espíritu Santo, y luego ascendiese al cielo (Hechos 1:3, 8-9).

Estos datos son significativos porque no sólo colocan a Jesús nuevamente como el centro de la festividad, sino que también conectan los primeros frutos de la resurrección de Cristo con la cosecha inicial de almas. En ese día, la hoz fue colocada a la mies y 3.000 personas fueron añadidas a la iglesia (Hechos 2:41). Este evento marcó el comienzo de la cosecha cristiana. Fue quizás este concepto de cosecha que motivó a Pablo a querer estar en Jerusalem para el día del Pentecostés (Hechos 18:21; 20:16). De igual manera, le permitió a Juan observar en visión a la última generación de cristianos participando en el gran Pentecostés del fin del tiempo (Apocalipsis 14:14-20 cf. 18:1-4).

Las Trompetas

Las Trompetas fue la quinta solemnidad que Dios le ordenó a Israel celebrar. Lamentablemente, en las Escrituras, hay poca información disponible para analizar y entender su rol y significado en el sistema de adoración que se efectuaba en el santuario. La fiesta de las Trompetas se celebraba en el primer día del séptimo mes al son de trompetas (Levítico 23:24-25). En esta festividad, el pueblo le ofrecía a Dios holocaustos, presentes de harina, y *un macho cabrío por expiación, para reconciliaros* (Números 29:5-6). Los sacrificios que se inmolaban debían ser *en olor de suavidad* a Jehová (Números 29:6). El *olor de suavidad* invocaba la misericordia divina para que Dios perdonara a Su pueblo y no trajera destrucción sobre él (cf. Génesis 8:21). De esta manera, la fiesta de las Trompetas invitaba al pueblo de Israel a prepararse para estar delante del Señor porque diez días más tarde se celebraba el día del juicio o la Expiación (Números 29:7).

La idea de invitar al pueblo a presentarse delante de Dios es corroborada por la manera como las trompetas eran usadas por los israelitas en el Antiguo Testamento. La primera vez que se menciona una trompeta en la Biblia fue en ocasión del descenso de Dios al monte Sinaí para presentarse al pueblo de Israel (Éxodo 19:13, 16-19). En esa ocasión, la trompeta fue utilizada como instrumento para invitar al pueblo a venir ante la presencia del Señor (Éxodo 19:13). A partir de este momento, la trompeta fue empleada en los servicios del santuario para llamar al pueblo a adorar a Dios (Isaías 27:13; Joel 2:15-17). La razón teológica para el uso de trompetas en las fiestas y otros servicios es muy valiosa para la adoración a Dios en el santuario. Las trompetas eran oraciones elevadas *por memoria delante de vuestro Dios* (Números 10:1-10).

Por lo tanto, la solemnidad de las Trompetas era un llamado a adorar a Dios en una actitud de oración y anhelo de hallar gracia delante de Él. Aunque el Nuevo Testamento no hace referencia a esta ceremonia, la significación de esta fiesta no se pierde en la historia. El hijo de Dios debe continuar reflejando la misma postura en todas las épocas, sabiendo que pronto tendrá que enfrentar el juicio final.

La Expiación

La Expiación fue la sexta solemnidad instituida por Dios. La descripción detallada que se da de ella la perfila como una fiesta central para la fe y práctica del israelita. Todo lo que en ella se hacía tenía el propósito de prefigurar o ilustrar la manera como Dios estaba tratando con el problema del pecado y como finalmente lo erradicaría junto con su verdadero culpable (Levítico 16:5-34). Esta solemnidad se celebraba en el día diez del séptimo mes (Levítico 23:27). Existen dos detalles que distinguen la Expiación de las otras solemnidades. Primero, esta es la única fiesta que menciona la suerte de aquel que no sigue las instrucciones divinas concerniente a su celebración. Los que en ese día no afligían sus almas o ejecutaban alguna obra servil morían (Levítico 23:29-30). Segundo, la Expiación también era singular porque detalla el tiempo específico para su observancia. Debía comenzar el día nueve del séptimo mes a la puesta del sol y se extendía de *tarde a tarde* (Levítico 23:32). Aparentemente, el elemento tiempo es esencial para la realización de esta fiesta.

Además de estas dos particularidades, habían otras características distintivas. La Expiación era:

1. Un día de aflicción del alma tanto para el natural como para el extranjero (Levítico 16:29).

2. Un día de purificación y reconciliación con el Señor (Levítico 16:30 cf. Levítico 16:32-34).

3. Una fiesta cuyo servicio debía ser ejecutado únicamente por el sumo sacerdote, el ungido de Dios (Levítico 16:32).

4. Una fiesta durante la cual el sumo sacerdote debía colocarse *sus vestiduras sagradas* (Levítico 16:32).

5. Una fiesta en la cual se debía de hacer expiación por:

   a. El santuario

   b. El tabernáculo

   c. El altar

   d. Los sacerdotes

   e. El pueblo de Israel (Levítico 16:33)

   La obra de expiación involucraba una reconciliación total con Dios.

6. Una fiesta en la cual se efectuaba el sacrificio diario (cordero) para la intercesión y el sacrificio anual (macho cabrío) para la expiación (Levítico 16:3, 6; Números 29:7-11). Este detalle es crucial para la fe del creyente. La mediación divina no concluye con el inicio de la expiación o juicio de Dios. A través de la etapa de juicio, la misericordia de Dios todavía está disponible para el pecador arrepentido. En medio de esta gran controversia entre el bien y el mal, el pecador todavía puede venir a Dios y encontrar gracia en Él.

Todas estas peculiaridades de la solemnidad de la Expiación tenían un propósito simbólico y profético. En su libro, Daniel registra la primera indicación profética del día de la Expiación (Daniel 8:9-14). En visión, Dios le revela la obra de purificación del santuario celestial en un lenguaje que incluye el elemento tiempo (Daniel 8:14). Inicialmente, Daniel no entiende la visión y se enferma (Daniel 8:15, 26-27). Después de recuperar su salud, el profeta le ora a Dios, confesando los pecados pasados del pueblo. Lo más interesante de esta oración es que él emplea terminología del día de la Expiación (cf. Daniel 9:3-5, 11, 13, 16-18). Parece que Daniel está conciente de la relevancia y trascendencia que tiene esta solemnidad para el pueblo de Dios que ha de vivir en los tiempos de la purificación del santuario celestial. En Apocalipsis, Juan alude a este evento. En visión, él escucha que el tiempo del juicio ha llegado para galardonar a los justos y condenar a los impíos (Apocalipsis 11:18). Luego él ve el lugar santísimo del santuario celestial abierto y observa el arca del pacto, el sitio y el mueble donde típicamente se realizaba la expiación en el antiguo Israel (Apocalipsis 11:19).

Las implicaciones y mensajes de las visiones de Daniel y Juan son vitales para el cristiano que desea salir triunfante de esta gran controversia que se ha venido desarrollando desde antes de la creación de la humanidad. De acuerdo a la Escritura, el juicio de Dios no es un evento que se va a realizar después de la segunda venida de Cristo. Cuando el Señor regrese, ya el juicio se ha hecho y Él trae Su galardón para recompensar a cada uno según fuere su obra (Apocalipsis 22:12). Por esta razón, mientras que Jesús retorna a buscar a Su pueblo, es cardinal que el creyente entienda la obra que Cristo está haciendo en el cielo y lo que esto representa para su salvación.[76]

1. Jesús es el verdadero Sumo Sacerdote que ministra en el santuario celestial por Su pueblo (Hebreos 8:1-2; 4:14-16). Él es el Ungido del Señor.

2. Él fue visto en el cielo vistiendo Sus prendas sacerdotales (Apocalipsis 1:13).

---

76 El apéndice 1 ofrece una corta explicación del ministerio sacerdotal de Cristo en el cielo. Discute la labor que está haciendo en el santuario celestial y como esta obra es falsificada en la tierra.

3. Él está expiando o purificando:
   a. El santuario celestial (Hebreos 9:22-24).
   b. Su pueblo (Juan 14:1-3; Hebreos 9:14, 22).

Siguiendo la aplicación tipológica del día de la Expiación, mientras Cristo expía a Su pueblo en el santuario celestial, el cristiano debe de estar en la tierra:

1. Afligiendo su alma delante del Señor. Necesita examinar su corazón y confesar sus pecados.

2. Descansando de las labores que puedan interferir en su relación con Cristo. Este es un tiempo de purificación y reconciliación con el Señor (Romanos 13:11-14). Por lo tanto, el creyente no puede tomar la iglesia y el evangelio de salvación con liviandad.

3. Tomando en serio el llamado que Dios le ha extendido para ser salvo. De lo contrario, podrá ser finalmente cortado del pueblo de Dios y destituido de la presencia del Señor.

4. Manteniendo firme su esperanza de salvación en este tiempo del fin. Al igual que antiguamente el sumo sacerdote sacrificaba un cordero en el día de la Expiación e introducía la sangre en el santuario, hoy también Jesús está presentando Su sangre por Sus hijos mientras realiza la obra de purificación o expiación del santuario celestial (cf. 1 Juan 2:1-2).

Los Tabernáculos

La solemnidad de los Tabernáculos es la séptima fiesta que Dios le dio a Israel después del éxodo. Esta fiesta es también conocida bajo los nombres de la Cosecha o las Cabañas. Se menciona por primera vez en Éxodo 34:22. Dios deseaba restablecer Su pacto con Israel y para ello mandó a Moisés a preparar dos tablas de piedra para escribir nuevamente Su ley con Su dedo (Éxodo 34:1-4). Junto con la restauración del pacto, Dios agregó otras instrucciones. Primero, Israel no podía hacer ningún pacto con otra nación en Canaán (Éxodo 34:11-16). Segundo, Israel no podía olvidarse de guardar las solemnidades de los Panes Ázimos (Éxodo 34:18-21), las Semanas o Pentecostés (Éxodo 34:22), y la Cosecha o Tabernáculos (Éxodo 34:22).

Los Tabernáculos formaban parte de las tres fiestas que todo israelita debía asistir para celebrar en el templo (Éxodo 34:23; Deuteronomio 16:16; 2 Crónicas 8:13). Ellas estaban relacionadas con la experiencia del éxodo y como Dios los había rescatado de la esclavitud para llevarlos a una tierra que fluía leche y miel. Las tres le recordaban a Israel que Dios es el único que puede salvar y sostener a Su pueblo. Por esta razón, el pueblo no debía hacer ningún convenio con otra nación.

La celebración de los Tabernáculos comenzaba el día quince del séptimo mes y se extendía por siete días, terminando el octavo día con una santa convocación (Levítico 23:34-36). De manera particular, los israelitas festejaban esta solemnidad con palmas y habitaban en cabañas por siete días para recordar la experiencia del éxodo (Levítico 23:39-43). Los servicios que se ofrecían incluían un sacrificio diario, símbolo de intercesión, y un macho cabrío para expiación. Estos animales debían estar libres de defectos físicos (Números 29:12-38). Otros detalles adicionales:

- Debía celebrarse después de que toda la cosecha se hubiera recogido del campo. Había un período de cinco días entre la Expiación y los Tabernáculos. Una vez que terminara la fiesta de la Expiación, por medio de la cosecha, Israel podía recoger las bendiciones de Dios (Deuteronomio 16:13).

- Era una ocasión de gran regocijo y agradecimiento a Dios por todas Sus grandes bendiciones (Deuteronomio 16:14-15).

Desafortunadamente, con el correr del tiempo, Israel omitió algunos detalles relacionados con la observancia de esta solemnidad. Según Nehemías, la última vez que la festividad de los Tabernáculos fue celebrada siguiendo las instrucciones divinas fue en *los días de Josué hijo de Nun* (Nehemías 8:17). La próxima ocasión que se festejó teniendo en cuenta todas las instrucciones pertinentes fue cuando el pueblo regresó del cautiverio babilonio (Nehemías 8:13-18).

Durante el Nuevo Testamento, sólo el cuarto evangelio menciona que Jesús asistió a la solemnidad de los Tabernáculos y enseñó en el templo (Juan 7:2, 8, 10-14, 37). A pesar de la escasa referencia que los autores del Nuevo Testamento hacen a los Tabernáculos, esta fiesta también tiene un carácter escatológico. En su libro, el profeta Zacarías describe el tiempo de angustia de la iglesia (Zacarías 14:2) y la venida del Señor para rescatarla (Zacarías 14:3-4). Luego menciona que de la Nueva Jerusalem, el hogar de los redimidos, saldrán aguas vivas (Zacarías 14:8), *Jehová será rey* en ella (Zacarías 14:9), y nunca más habrá maldición (Zacarías 14:11). El profeta concluye el delineamiento escatológico de esta fiesta diciendo que los redimidos vendrán de año en año a adorar a Dios y a celebrar la fiesta de los Tabernáculos (Zacarías 14:16 cf. Isaías 66:23). Aquellos que escojan no participar en la fiesta de los Tabernáculos no recibirán la bendición de la lluvia (Zacarías 14:17-19).

La visión de Zacarías 14 es complementada por Juan en el Apocalipsis. Allí, Juan ve a los redimidos adorando a Dios con palmas en sus manos y agradeciéndole por la salvación que Él obró en su favor (Apocalipsis 7:9-10). Ellos han pasado por grande tribulación, han lavado sus ropas con la sangre del Cordero (Apocalipsis 7:14), y estaban maduros para la cosecha final (Apocalipsis 14:14-20). Los delineamientos presentados por Zacarías y Juan son de alto valor para la iglesia. Ellos destacan que el cumplimiento final de la solemnidad de los Tabernáculos se realizará cuando los redimidos sean trasladados al reino de los cielos. Aunque el acatamiento literal de esta ceremonia quedó descontinuado después de la cruz, su significado todavía apunta a la victoria final del pueblo de Dios de la gran controversia entre Cristo y Satanás.

Al reflexionar sobre la trascendencia que tiene esta solemnidad para la iglesia del Señor en estos últimos tiempos, Elena White escribió lo siguiente: "También hoy sería bueno que el pueblo de Dios tuviera una fiesta de las Cabañas, una alegre conmemoración de las bendiciones que Dios le ha otorgado."[77] A simple vista, pareciera que la

---

77 White, *Patriarcas y Profetas*, 582. A continuación se provee el texto original en Inglés: "Well would it be for the people of God at the present time to have a

autora promueve la observancia literal de la fiesta de los Tabernáculos. Pero al leer el contexto de su declaración, se podrán notar un par de asuntos. Primero, White desea animar a la iglesia a que no se olvide de agradecer a Dios por las bendiciones obtenidas. Esto puede ser hecho en cualquier época del año, no sólo en la fecha que Dios había fijado antiguamente para celebrar la solemnidad de las Cabañas. Segundo, ella denota el carácter tipológico de la fiesta.

La fiesta de las Cabañas no era sólo una conmemoración, sino también un tipo o figura. No solamente señalaba algo pasado: la estada en el desierto, sino que, además, como la fiesta de la mies, celebraba la recolección de los frutos de la tierra, y apuntaba hacia algo futuro: el gran día de la siega final, cuando el Señor de la mies mandará a sus segadores a recoger la cizaña en manojos destinados al fuego y a juntar el trigo en su granero. En aquel tiempo todos los impíos serán destruídos. "Serán como si no hubieran sido" (Abd. 16) . . . En la fiesta de las Cabañas, el pueblo de Dios alababa a Dios porque recordaba la misericordia que le manifestara al librarle de la servidumbre de Egipto, y el tierno cuidado del que le hiciera objeto durante su peregrinación en el desierto. Se regocijaba también por saber que le había perdonado y aceptado gracias al reciente servicio del día de expiación. Pero cuando los redimidos de Jehová estén a salvo en la Canaán celestial, para siempre libertados del yugo de la maldición bajo el cual "todas las criaturas gimen a una, y a una están de parto hasta ahora" (Rom. 8:22), se regocijarán con un deleite indecible y glorioso. Entonces habrá concluido la gran obra expiatoria que Cristo emprendió para redimir a los hombres, y sus pecados habrán sido borrados para siempre.[78]

Feast of Tabernacles – a joyous commemoration of the blessings of God to them." Ellen G. White, *Patriarchs and Prophets* (Boise, ID: Pacific Press Publishing Association, 1958), 540-541.

78   White, *Patriarcas y Profetas*, 583-584.

El análisis tipológico que White hace de la fiesta de las Cabañas es claro y relevante. De la misma manera que Israel alababa a Dios en esta celebración por haberlos salvado de la esclavitud egipcia y se regocijaba por el perdón divino recibido durante la Expiación, así mismo el pueblo de Dios en este tiempo del fin deberá alabar a Dios por rescatarlo de la esclavitud del pecado y alegrarse por el perdón divino otorgado.

Conclusión

El Señor instituyó las *solemnidades de Jehová* después del éxodo para llenar una necesidad particular en el pueblo que salía de la esclavitud egipcia. Por medio de ellas, Dios le recordaría que Su obra de redención no estaba limitada a un evento histórico local, sino que abarcaba un suceso cósmico en el futuro. Ambos acontecimientos sólo podían ser posibles por la sangre del Hijo de Dios. La inclusión de sacrificios en las fiestas realzaba el valor del sacrificio del Mesías prometido en el plan de salvación. Si la sangre del Cordero divino no era derramada, la raza humana se convertiría en victima permanente del conflicto cósmico entre el bien y el mal.

El santuario terrenal fue el establecimiento que Dios seleccionó para dramatizar la derrota de Satanás y la liberación final del pueblo de Dios de la esclavitud al pecado. Los servicios que en él se realizaban eran un tipo o ilustración de lo que Jesús haría en el cielo en favor del pecador (Hebreos 8:1-5). Por ser una figura, ellos eran parte del pacto antiguo que estaba basado en la sangre de animales. Al venir Cristo y derramar Su sangre, Él instaura el nuevo pacto afirmado en Su sangre (Lucas 22:20 cf. Hebreos 8:13; 9:1-15). Por medio de Su sacrificio, Jesús abre el camino para iniciar Su ministerio sacerdotal en el santuario celestial (Hebreos 4:14-16; 8:1-2). A partir de ese momento, las *solemnidades de Jehová* toman una dimensión celestial y espiritual. Esta nueva dimensión descarta la observancia literal de las ceremonias y resalta su cumplimiento escatológico con la iglesia de Cristo en este tiempo del fin. Elena White asevera este concepto al referirse a las fiestas de Israel de la siguiente manera:

> Estos símbolos se cumplieron no sólo en cuanto al acontecimiento sino también en cuanto al tiempo. . . . Asimismo los símbolos que se refieren al segundo advenimiento deben cumplirse en el tiempo indicado por el ritual simbólico.[79]

---

79   White, *El Conflicto de los Siglos*, 450-451.

— APÉNDICE —

EL MINISTERIO SACERDOTAL DE CRISTO

Días previos a Su muerte, Jesús hizo una declaración que dejó un poco preocupados a Sus discípulos. Él les dijo: *Empero yo os digo la verdad: Os es necesario que yo vaya . . .* (Juan 16:7). Él expresó este pensamiento porque la venida del Consolador[80] estaba condicionada a Su partida de este mundo. Pero ¿sería ésta la única razón por la cual Jesús ascendió al cielo? ¿Habría alguna otra razón para que Jesús necesitara ascender al cielo? Aparentemente si, porque el apóstol Juan menciona que el Señor Jesús se encuentra en el cielo ministrando como el abogado (*consolador*) intercesor del ser humano (1 Juan 2:1).

Esto indica que el regreso de Cristo al cielo no obedecía tan sólo al envío del Espíritu Santo, sino también a la labor mediadora que Él estaría realizando en el reino de los cielos en favor de la raza humana. Sin embargo, aunque muchos creen y entienden que Cristo está en el cielo intercediendo por cada persona, son pocos los que entienden más ampliamente en que consiste la obra intercesora de Cristo.

Apreciado investigador, ¿se ha llegado Ud. a preguntar alguna vez qué es lo que Cristo se encuentra realizando en el cielo en este momento? ¿En qué consiste Su obra intercesora en el cielo? ¿Será que esta labor está relacionada con su salvación?

El Ministerio Celestial de Cristo

El regreso de Cristo al cielo no sólo permitiría que el Espíritu Santo pudiera ser enviado, sino que también haría posible que Cristo

---

80 El término *Consolador* viene del Griego *parakletos* que significa *alguien que brinda consuelo y ayuda, un intercesor, o abogado legal.* Juan es el único escritor del Nuevo Testamento que emplea este término para referirse al Espíritu Santo y a Jesús (1 Juan 2:1).

comenzara a desempeñar una nueva faceta de Su ministerio en el cielo. ¿Cuál sería esta fase?

Juan 14:1-3

Las Sagradas Escrituras declaran que Jesús le hizo dos promesas a Sus discípulos:

- Él iría a *preparar* lugar para Su pueblo.
- Él volvería por segunda vez.

A pesar de que ambas promesas son muy importantes para el cristiano, a través del tiempo, la iglesia cristiana ha hecho más énfasis en la segunda promesa a expensas de la primera. Esta falta de balance ha causado que la iglesia pierda de vista la importancia de entender la obra de *preparación* que Cristo está realizando en el cielo. ¿En qué consiste la obra de *preparar* lugar para Su pueblo? ¿De qué manera iría Jesús a *preparar* lugar para Su pueblo?

Marcos 16:19

Después de ascender al cielo, Marcos registra que Jesús se sentó a la diestra de Dios (cf. Salmos 110:1). Más específicamente, el Señor se sentó en el trono de Su Padre (Apocalipsis 3:21).

Hebreos 4:14-16

Hebreos aclara que Cristo se sentó en el *trono de la gracia* de donde imparte misericordia y gracia a Sus hijos en los momentos de prueba y tentación (cf. 1 Juan 2:1). También cabe destacar que Pablo introduce a Jesús de una manera única en su epístola a los Hebreos. Él lo presenta como el *Gran Pontífice* o *Sumo Sacerdote*.[81] Por lo tanto, Jesús ascendió

---

81 Pablo llama a Jesús *Sumo Sacerdote* para relacionar la obra del sumo sacerdote en el Antiguo Testamento con la obra sacerdotal que Cristo inició en el cielo en favor del pecador. La significación es grande porque muestra como la tarea del sumo sacerdote en el antiguo era un tipo o figura de la obra que Jesús haría en el cielo. Por lo tanto, para entender el ministerio de Cristo en el cielo, es vital entender primero la labor sacerdotal en el Antiguo Testamento.

al cielo como *Sumo Sacerdote* para hacer posible que Su pueblo pueda tener la oportunidad de ir al cielo algún día.

Hebreos 8:1-5

En su carta, Pablo amplia el concepto del ministerio sacerdotal de Jesús en el cielo. Él menciona que Jesús es *ministro del santuario, y de aquel verdadero*[82] *tabernáculo que el Señor asentó y no hombre*. Por lo tanto, cuando Jesús ascendió al cielo, Él entró al santuario celestial y se sentó en el *trono de la gracia* que se encuentra allí para *preparar* lugar para Su pueblo (Hebreos 9:11-12, 24). En el santuario celestial, se llevaría a cabo la intercesión divina y se decidiría el destino final del pecador.

Por esta razón, el antiguo santuario terrenal es la base para entender el ministerio de Cristo en el santuario celestial y la obra de *preparar* lugar para Su pueblo.[83] Pero ¿qué cosas entraña la obra de *preparar* lugar para Su pueblo?

- Consiste en cumplir la promesa de enviar el Consolador (Juan 14:15-18; Efesios 4:8-10).[84] El inicio del ministerio sacerdotal de Aarón en el santuario terrenal se destacó por el descenso del fuego santo sobre el altar (Levítico 9:23-24). De igual manera, el comienzo del ministerio sacerdotal de Cristo en el santuario celestial fue marcado con el descenso del Espíritu Santo en forma de lenguas de fuego (Hechos 2:1-4).

- Consiste en limpiar a Sus hijos (Hebreos 9:11-14 cf. Hebreos 9:22-23; Levítico 17:11).

- Consiste en ser el representante del hombre ante Dios (Hebreos 9:22-24).

---

82 El vocablo *verdadero* viene del Griego *aletinos* que significa algo *real* y *concreto*. El uso de esta palabra denota que el santuario terrenal era sólo una *ilustración*, *representación*, o *bosquejo* de las cosas celestiales.

83 Lamentablemente, cuando se rechaza el Antiguo Testamento como útil para entender el plan de salvación, también se pierde de vista la labor de *preparar* lugar para Su pueblo que Cristo prometió.

84 El cumplimiento de esta promesa permitiría que el Consolador pudiera venir a redargüir *al mundo de pecado, y de justicia, y de juicio* (Juan 16:8).

- Consiste en:
a. Perdonar los pecados (Hebreos 10:12).
b. Sujetar a los enemigos (Hebreos 10:13 cf. Salmos 110:1).
c. Perfeccionar a los santificados (Hebreos 10:14).
d. Escribir Su ley en los corazones de Sus hijos (Hebreos 10:15-16).

La Falsificación del Ministerio Sacerdotal de Cristo

Tristemente, la Palabra de Dios declara que la obra sacerdotal de Cristo en el santuario celestial sería falsificada por un sistema religioso de influencia mundial. Según Apocalipsis, este engaño será más pronunciado y difícil de descubrir en este tiempo del fin.

Apocalipsis 17:1-2
De acuerdo a Juan, el ministerio sacerdotal de Cristo en el cielo será falsificado por un sistema terrenal denominado *la grande ramera*.

Apocalipsis 17:4-5
Esta *ramera* aparece vestida de una manera muy interesante y significativa.

- Está revestida de púrpura y escarlata.

- Está engalanada con oro y adornada con piedras preciosas y perlas.

- Sostiene una copa de oro en su mano llena de abominaciones y fornicación.

- Tiene un nombre escrito en su frente.

¿Por qué se encuentra arropada la *ramera* de esta manera?

Éxodo 28:1-38
La *grande ramera* pretende imitar o tomar el lugar de alguien en la tierra. El único que se colocaba este tipo de atuendos en el Antiguo Testamento era el sumo sacerdote.

- Se vestía de púrpura y rojo (Éxodo 28:4-5).

- Se adornaba con oro y piedras preciosas (Éxodo 28:13-20).

- Utilizaba copas de oro (Éxodo 30:27; Daniel 5:2-3).

- Llevaba un nombre sobre su frente (Éxodo 28:36-38).

Éxodo 25:8-9

Debido a que la obra del sumo sacerdote en el santuario terrenal representaba el ministerio sacerdotal de Cristo en el santuario celestial (cf. Hebreos 8:1-7, 12-13; 9:1, 11-12, 15-17), esta *ramera* está tratando de falsificar el sacerdocio de Cristo. Ella pretende hacer la labor intercesora de Cristo.

Apocalipsis 17:16

Sin embargo, la *grande ramera* perece de una manera interesante. En lugar de ser apedreada, ella muere quemada por sus propios amantes. La muerte por fuego era el destino final de las hijas de sacerdotes que se prostituían en Israel (cf. Levítico 21:9). El fin de esta *ramera* está en armonía con sus pretensiones.

Identidad de la Ramera

¿Qué representa esta *ramera*? De acuerdo a las características mencionadas, esta *grande ramera* simboliza:

- Un sistema político y religioso.[85]

- Un sistema que tiene hijas. Juan menciona que ella también es madre (Apocalipsis 17:5).

- Un sistema que controla a las gentes y a los gobernantes del mundo (Apocalipsis 17:1, 3, 13).[86]

---

85 El sistema religioso es representado por una mujer ramera (2 Corintios 11:2; Efesios 5:22-30) y el sistema político por una grande ciudad (Apocalipsis 17:18).

86 Las gentes y los gobernantes de este mundo se encuentran simbolizados por las cabezas (Apocalipsis 17:9-11) y los cuernos (Apocalipsis 17:12) que tiene la bestia

- Un sistema que tiene embriagados a los reyes de la tierra con vino adulterado (Apocalipsis 17:2). El vino que brinda este sistema está en contraste con el evangelio eterno (Apocalipsis 14:6-8).

- Un sistema que procura tomar el lugar de Cristo, el verdadero Sumo Sacerdote (Hebreos 8:1-2), en la tierra. Por lo tanto, este es un sistema de naturaleza religiosa.

- Un sistema que persigue y derrama la sangre de los santos de Dios (Apocalipsis 17:6 cf. Apocalipsis 16:5-7; Mateo 23:29-35).

- Un sistema que es destruido por sus propios seguidores (Apocalipsis 17:16-17).

En conclusión, la *ramera* es un sistema religioso que recibe el apoyo de las gentes y gobernantes del mundo. Los controla por medio del vino o enseñanzas que les imparte por un tiempo. Pero al final termina perdiendo el apoyo mundial cuando los reyes de la tierra pelean y son vencidos por el Cordero (Apocalipsis 17:14). La derrota les revela el engaño de la *ramera* y, por lo tanto, deciden destruirla. El único sistema que llena estas características es el papado.

Para Meditar

Las Sagradas Escrituras son diáfanas al enseñar que ninguna práctica, persona, o sistema humano, por muy bueno o virtuoso que sea, puede sustituir el ministerio sacerdotal de Cristo en el cielo. Pedro dijo que el único Intercesor entre Dios y el hombre tiene nombre propio: Jesús (Hechos 4:10-12). Este es el único nombre dado a los hombres para ser salvos. Sólo en Cristo están fundamentadas todas las esperanzas del ser humano.

Estimado lector, Dios no desea que alguno sea desviado de la salvación o que perezca por falta de conocimiento. Él no quiere que Su pueblo repita en este tiempo del fin la historia de Israel en el

---

que es dirigida por la grande ramera (Apocalipsis 17:3).

Antiguo Testamento (Oseas 4:6). Por el contrario, todo el cielo está interesado en la salvación del ser humano. Por esta razón, este mensaje se encuentra registrado en la Palabra de Dios. De esta manera, todos tienen la oportunidad de escoger el camino de la salvación. ¿Desea evitar ser confundido o engañado en estos últimos días? ¿Quiere aceptar el ministerio sacerdotal de Cristo en su favor? ¿Anhela formar parte de los redimidos que habrán de vivir por toda la eternidad con el Señor?

Continúe Creciendo en el Señor . . .

Ahora que Ud. ha aprendido acerca de las diferentes conexiones teológicas entre el jardín del Edén y el santuario israelita, nos gustaría invitarlo a expandir su conocimiento de la Palabra de Dios leyendo sobre otros temas Bíblicos igualmente importantes y relevantes.

Todo lo que necesita hacer es contactarnos a través de los siguientes medios:

www.biblical-foundations.com
www.facebook.com/biblicalfoundations
biblicalfoundations@hotmail.com

En la página web, Ud. encontrará mensajes inspiradores que podrá bajar gratis. Esta es nuestra forma de decirle GRACIAS por leer nuestra literatura.

— BIBLIOGRAFÍA —

Con el fin de suplementar las fuentes citadas con una bibliografía más amplia, a continuación se proveerá un listado selecto de obras adicionales afines al tema del santuario.

Obras Citadas

Bromiley, Geoffrey W. *Theological Dictionary of the New Testament*. Grand Rapids, MI: William B. Eerdmans Publishing Company, 1985.

Guhrt, J. "Time." *The New International Dictionary of New Testament Theology*. Vol. 3. Grand Rapids, MI: Zondervan Publishing House, 1978.

Harris, R. Laird, ed. *Theological Wordbook of the Old Testament*. Vol. 1. Chicago: Moody Press, 1980.

Nichol, Francis D., ed., et al. *Comentario Bíblico Adventista del Séptimo Día*. Vol. 1. Boise, ID: Pacific Press Publishing Association, 1985.

_____. *Comentario Bíblico Adventista del Séptimo Día*. Vol. 4. Boise, ID: Pacific Press Publishing Association, 1985.

Shea, William H. "Unity of Daniel." *Simposium on Daniel*. Washington, DC: Biblical Research Institute, 1986.

White, Elena G. de. *El Conflicto de los Siglos*. Mountain View, CA: Pacific Press Publishing Association, 1977.

_____. *El Deseado de Todas las Gentes*. Mountain View, CA: Publicaciones Interamericanas, 1977.

_____. *The Desire of Ages*. Boise, ID: Pacific Press Publishing Association, 1940.

_____. *La Educación*. Mountain View, CA: Publicaciones Interamericanas, 1974.

_____. *Fundamentals of Christian Education*. Nashville: Southern Publishing Association, 1923.

_____. *Los Hechos de los Apóstoles*. Mountain View, CA: Publicaciones Interamericanas, 1977.

_____. *La Historia de la Redención*. Buenos Aires: Asociación Casa Editora Suramericana, 1981.

_____. *Mensajes Selectos*. Vol. 1. Mountain View, CA: Publicaciones Interamericanas, 1977.

_____. *El Ministerio de Curación*. Mountain View, CA: Publicaciones Interamericanas, 1975.

_____. *Palabras de Vida del Gran Maestro*. Mountain View, CA: Publicaciones Interamericanas, 1971.

_____. *Patriarcas y Profetas*. Mountain View, CA: Pacific Press Publishing Association, 1975.

_____. *Patriarchs and Prophets*. Boise, ID: Pacific Press Publishing Association, 1958.

_____. *Primeros Escritos*. Mountain View, CA: Publicaciones Interamericanas, 1979.

_____. *Sketches from the Life of Paul*. Hagerstown, MD: Review and Herald Publishing Association, 1974.

_____. *Testimonies for the Church*. Vol. 6. Mountain View, CA: Pacific Press Publishing Association, 1948.

Obras Afines

Edersheim, Alfred. *The Temple: Its Ministry and Services as They Were at the Time of CHRIST*. Grand Rapids, MI: William B. Eerdmans Publishing Company, 1986.

Gilbert, F. C. *Messiah in His Sanctuary*. Payson, AZ: Leaves of Autumn Books, 1985.

Goldstein, Clifford. *False Balances: The Truth About the Judgment, the Sanctuary, and Your Salvation*. Boise, ID: Pacific Press Publishing Association, 1992.

Haskell, Stephen N. *The Cross and Its Shadow*. South Lancaster, MA: South Lancaster Printing Co., 1914.

Heppenstall, Edward. *Our High Priest*. Washington, DC: Review and Herald Publishing Association, 1972.

Holbrook, Frank B., ed. *Doctrine of the Sanctuary: A Historical Survey*. Silver Spring, MD: Biblical Research Institute, 1989.

_____. *Issues in the Book of Hebrews*. Silver Spring, MD: Biblical Research Institute, 1989.

_____. *70 Weeks, Leviticus, and Nature of Prophecy*. Washington, DC: Biblical Research Institute, 1986.

Japas, Salim. *Cristo en el Santuario: Su Intercesión por el Hombre.* Mountain View, CA: Pacific Press Publishing Association, 1980.

Johnsson, William G. *In Absolute Confidence: The Book of Hebrews Speaks to Our Day.* Nashville: Southern Publishing Association, 1979.

Olson, Robert W. *101 Preguntas Acerca del Santuario y Elena G. de White.* Wahington, DC: Ellen G. White Estate, 1988.

Peck, Sarah Elizabeth. *The Path to the Throne of God: The Sanctuary.* Angwin, CA: Educational Felt Aids, n.f.

Rodriguez, Angel M. *Substitution in the Hebrew Cultus.* Berrien Springs, MI: Andrews University Press, 1979.

Shea, William H. *Selected Studies on Prophetic Interpretation.* Washington, DC: Review and Herald Publishing Association, 1982.

The Biblical Research Committee of the General Conference of Seventh-day Adventists. *The Sanctuary and the Atonement: Biblical, Historical, and Theological Studies.* Washington, DC: Review and Herald Publishing Association, 1981.

Treiyer, Alberto R. *The Day of Atonement and the Heavenly Judgment: From the Pentateuch to Revelation.* Siloam Springs, AR: Creation Enterprises International, 1992.